超强逆袭心理学

[日]内藤谊人（Naito Yoshihito）著 兴远 译

图书在版编目（CIP）数据

超强逆袭心理学 /（日）内藤谊人著；兴远译 . --
北京：新世界出版社，2016.10（2017.3 重印）
ISBN 978-7-5104-5937-5

Ⅰ . ①超… Ⅱ . ①内… ②兴… Ⅲ . ①成功心理－通
俗读物 Ⅳ . ① B848.4-49

中国版本图书馆 CIP 数据核字 (2016) 第 209484 号

著作权合同登记号：图字 01-2015-1084 号

超强逆袭心理学

作　　者：（日）内藤谊人 著
译　　者：兴　远
责任编辑：董晶晶
责任印制：李一鸣　黄厚清
出版发行：新世界出版社
社　址：北京西城区百万庄大街 24 号 (100037)
发行部：(010)6899 5968　(010)6899 8705（传真）
总编室：(010)6899 5424　(010)6832 6679（传真）
http://www.nwp.cn
http://www.nwp.com.cn
版权部：+8610 6899 6306
版权部电子信箱：nwpcd@sina.com
印　刷：北京天宇万达印刷有限公司
经　销：新华书店
开　本：880mm × 1230mm　1/32
字　数：130 千字　印张：5.375
版　次：2016 年 10 月第 1 版 2017 年 3 月第 2 次印刷
书　号：ISBN 978-7-5104-5937-5
定　价：35.00 元

前言

＊您厌恶自己的哪一部分性格？

每个人的性格中，都有令自己厌恶的部分。

每个人的性格中，也都有令自己不满意、非常想要改变的部分。

例如，对别人的话语反应过于敏感，容易产生消极心理；常常因为微不足道的小事便大发脾气；因为缺乏自信，所以没有积极的言词和行动。

当然，也有些人会与此相反，非常厌恶自己过于积极的性格吧。不过，这类人是不需要这本书的！

很多读者都被自己厌恶的那部分性格折磨，无法得到自己理想的人生。本书为这部分读者准备了超强逆袭心理法则，让大家可以巧妙地处理负面的性格和感情。

以下为负面的性格倾向：

- 懊悔于过去，闷闷不乐
- 恐惧于未来，担心不已
- 内心过于敏感，容易受伤
- 常常心中不满，愤愤不平
- 做任何事都缺乏自信，总是浅尝辄止、半途而废

这些性格，只要您想改变，就能改变！

心理学可以为我们解明，人们为什么容易产生消极的想法。

找到这些问题背后的心理学层面的原因，我们就能找到解决的办法。

了解自己的性格结构，我们就能逐渐地改变思维模式，逐渐地塑造出“自己想要的性格”。

当然，长年累月形成的思维模式，不可能在“一瞬间”得到改变，而是需要一定的时间和反复练习，才可以发生变化。

但是，人们的所有思维模式和想法，都能一点点地、缓缓地发生变化。

希望本书能帮助读者们改变自己厌恶的性格，从而减轻心理负担，走上自己理想的人生之路。

* 敏感的心灵容易受伤

我们在人际交往中，尤其容易出现消极的思维。

“我总是说不过他！”

“他为什么非得那么说才行？”

“他根本不知道我有多辛苦！”

“这辈子都不想再见到他了！”

所有人都有过类似的想法吧！而且，我们都会因人际关系而烦恼不已。

巧妙地处理人际关系，能减轻我们的压力。

巧妙地与别人相处，可以消除我们大部分的烦恼。

既然如此，我们应该如何改变才好呢？

比对方的意志更顽强吗？

巧妙地驳倒对方吗？

不！

如果您能成为那么厉害的人，您早就应该改变了！

或许您对他人的话语敏感，比别人更容易受伤，更容易消沉。

这类型的人，也是能够替他人着想、温柔善良的人。

温柔善良的性格没必要改变。因为没人会喜欢不考虑别人、不替人着想的人！

您需要的是，在难过、悲伤、愤怒的同时，拥有“不输给”这些“困境”的心！

您没必要战胜伤害您的人或者是困境。

对您更重要的是：在任何困境下都“不服输”的心和失败后可以

卷土重来的意志！

人生之路并不轻松。

所有人都一样，都容易受伤。

我们的生活中都充满了烦恼、受伤、悲伤、不满。

摆脱这些消极的感情，不因此产生压力，是我们享受更美好人生的秘诀。

我希望所有的读者都能掌握本书中总结出来的超强逆袭心理法则。

只要拿出时间一点点地去做，我们就能改变对事物的看法。

而且，也能改变自己的性格！

日本著名心理学家　内藤谊人

目录

第2章 在您闷闷不乐、担心不已，就要泄气认输时

第3章

当您火冒三丈时

第4章 当您的内心很受伤时

第5章 如何消除愤怒的情绪？

第6章 情绪低落消除法：让您心情舒畅

第7章 不要自暴自弃

第8章

战胜一切困境、成功逆袭的心理秘诀

第1章

我们为何焦躁不安，为何产生精神压力

如何消除不安全感？

很想释放压力，

很想消除负面情感，积极乐观地生活，

却无法实现自己的理想。

请在您的心里寻找原因。

1 为何出现消极的情感？

容易悲观的人有什么特征？

所有人都希望自己没有不安全感，更不愿去承受由此而产生的压力。

尽管如此，我们却因为各种各样的原因，经常陷入烦躁、苦恼、不安之中。

原本想形成良好的人际关系，却因为无心的话语受伤，或者受到打击。我们都曾经出现过类似的情况。

即使能自己宽慰自己："不要为小事儿担心。"但我们依然情绪低落——不安全感、焦躁感和否定的、悲观的情感久久不能消除。

那么，为什么消极的情感挥之不去呢?

产生消极情感的原因有时在自身，有时在别人。但是，为什么我们心中会产生消极的情感呢?

我们通过一个指标，便可以了解其中的奥妙。

瑞典斯德哥尔摩大学的心理学家贝特拉·里恩多佛兹博士制作了"心理健康度"指标，他对 40 名白领男性和 51 名白领女性进行了调查，使用这个指标推断出什么样的人心理健康、精神稳定，能愉快地工作和生活。

其指标如下页所示。

通过这 6 个指标，我们可以看出，**心理健康的人是自我肯定的人，**他们积极地对待人际关系和自己的人生。

有相反倾向的人，则精神状况不稳定，享受不到快乐的人生。

越是不自信、容易全盘否定自己的人，越容易被消极的情感纠缠。

我们为什么会陷入负面情感

里恩多佛兹博士的指标 **心理健康的人**

①接受自己的一切（接受自我）

②善于和别人形成肯定的关系

③目标是自我成长

④有人生的目的

⑤自律性高（能自我控制）

⑥能控制自己周围的环境

截然相反的一面

特征 **容易陷入负面情感的人**

①否定自己的一部分（自我否定）

②不善于处理自己和他人的人际关系

③对自己的成长总是半途而废

④怀疑人生的目的

⑤自律性差（不能控制自己）

⑥不尝试去控制自己周围的环境

**不安全感强烈或者觉得精神压力很大的人，
几乎都具有上述特征**

2 不隐藏自己的真心话

停止否定自我

请您牢记前面的“里恩多佛兹博士的指标”。它能使我们面前浮现出没有不安全感和精神压力的人的样子。

当然，并非所有人都能轻松地变成那样的人。现实生活中的那样的人，也许只是个旁若无人的自信狂人，也许是个非常迟钝的人，或者是个乐天到离谱的人吧。

本书绝对不是向读者们介绍，成为那样大条自信的人的方法，也不是要教您战胜邪恶上司的办法。

在人生中，我们会接连碰到各种无法预测的事情和令人担心的事情。并且，在面对这些情况时，任何人都会感到非常不安，产生精神压力。

本书为读者介绍的方法是：在遭遇苦恼、挫折时，不低头认输的方法，也就是不陷入消极感情的心理法则。

在这里，我最先提出的是“不隐藏真心话”的方法。

美国俄亥俄州大学信息系的卡特·纽瓦斯博士的研究表明，**说真心话会让人产生不安全感，但是，隐藏真心话会增加更多的不安全感，**并且会使人陷入恶性循环。

很多人都因为恐惧和不安全感，不愿堂堂正正地阐述自己的意见，而是选择了沉默。可是，这样一来，反而会事与愿违，他们会被别人误解，从而承受更大的精神压力。如果在此时打破沉默，表达出自己的真实意见，又很有可能被人指责：“到现在你又说些什么啊！”于是，事态不断恶化，最终陷入无可挽回的境地。

这种恶性循环才是最坏的情况。为了防止陷入恶性循环，您应该勇敢地说出真心话。

即使不说真心话，情况也不会好转

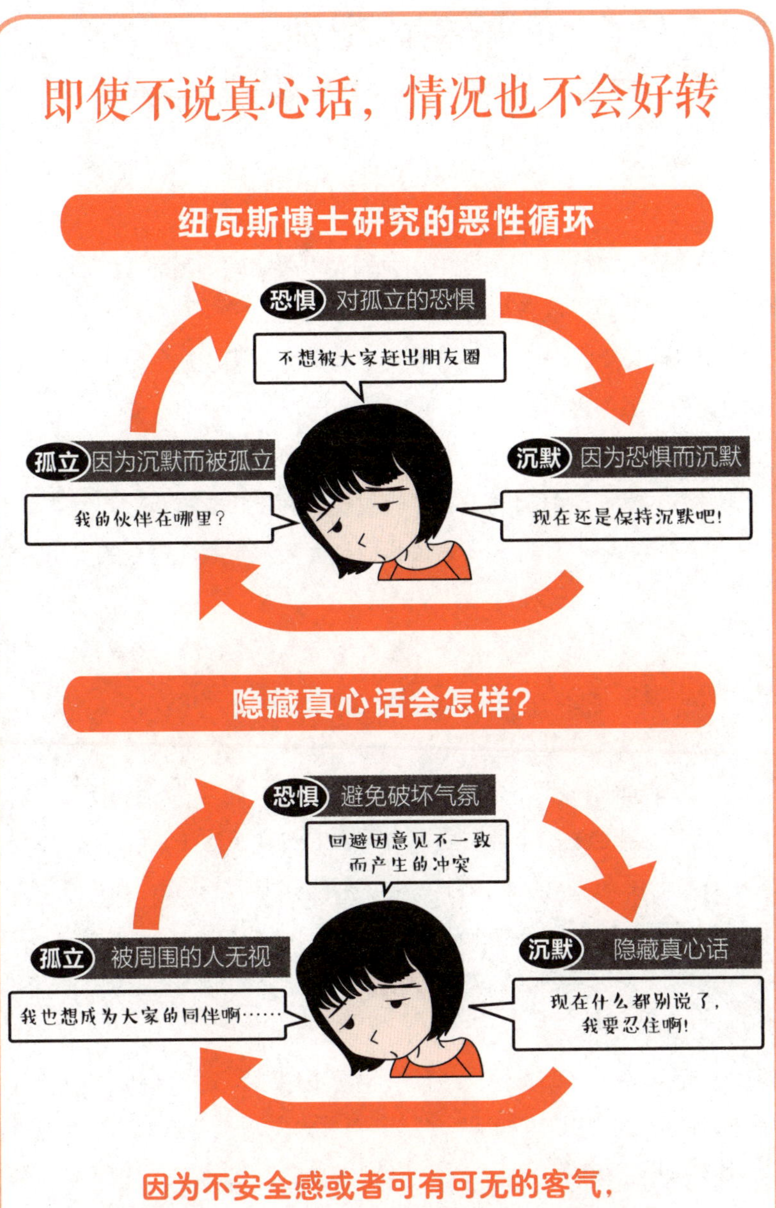

因为不安全感或者可有可无的客气，
您隐藏了真心话，但这样也能陷入恶性循环。

3 不要怀疑别人

不能过于顺应形势

在现代社会的人际关系中，我们不但要了解周围环境的形势，还被迫顺应形势，不能破坏形势。

如果老实地说出自己不想顺应形势，会被周围的人瞧不起，被大家指责为“看不懂形势的家伙”！

在这样的社会里，有时我们会对别人的话语产生怀疑。

例如，我们会怀疑对方：“她虽然表面上是支持我的，但实际上她并不支持我吧？”这样一来，我们越发无法判断出对方的“真实想法”，更加担心自己和对方之间的关系。

这种不安全感随着两人关系的发展逐渐成为恐惧，给您带来沉重的精神压力。

“也许他心里想的和嘴上说的不一样。”“也许只是我自己这样想。”“难道他讨厌我了？”

随着不安全感的上升，为了查明对方的真正想法，我们会对对方的语言和态度产生怀疑。另外，因为害怕被对方瞧不起，被对方拒绝，我们会畏惧或犹豫进一步和对方加深关系。

这样一来，我们会越来越注意周围的人，不敢坦白自己的心声，精神压力不断积累。

美国耶鲁大学的爱德华·鲁梅伊博士通过调查得出结论：一对情侣中，怀疑对方的语言和情感的人，对两人的关系有强烈的不安全感。（参照下页图所示）

也就是说，如果一对情侣彼此相信对方，那么，两人间的关系就会稳定，两人也对这段感情具有信心。

不要琢磨对方语言的深意，也不要探查对方的真实想法，试着相信对方的话。这样的话，人际关系就不再恐怖了，我们的精神压力也会逐渐消失。

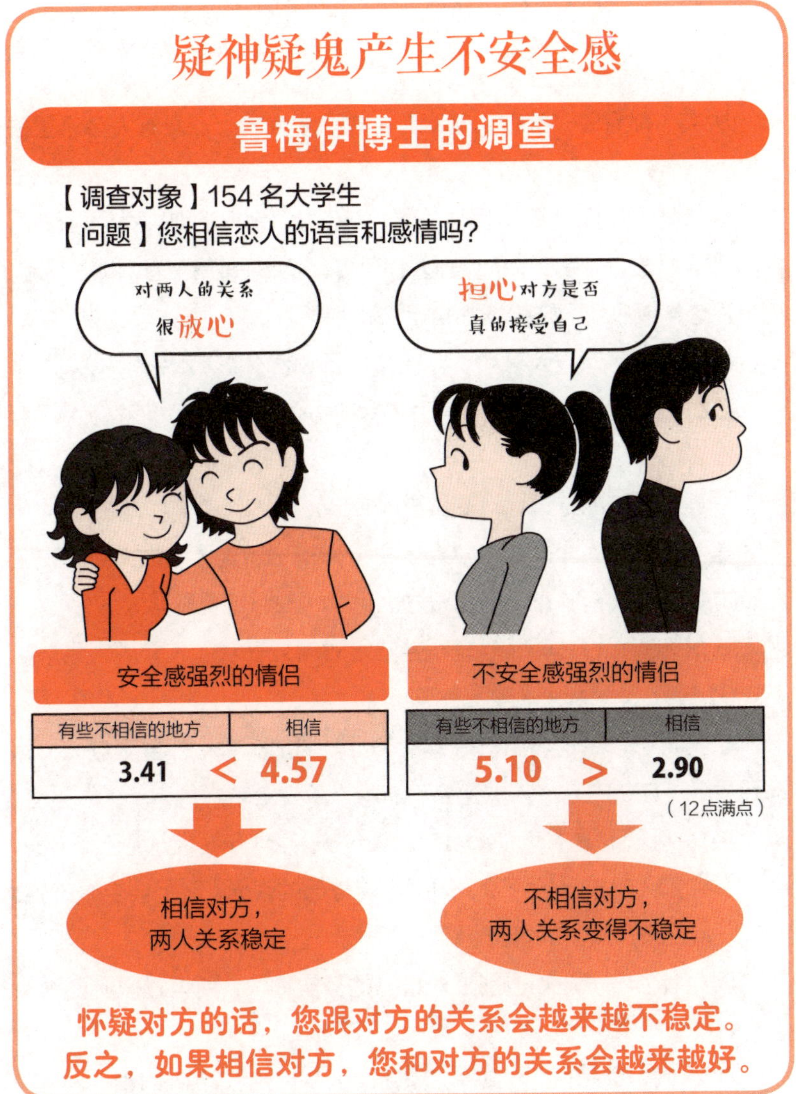

4 努力地让所有人都喜欢自己吗？

先去喜欢对方吧

所有人都希望“被别人喜欢”。在这个世界上，没有人会希望被别人讨厌吧?

经常地，我们为了“被别人喜欢”，“努力地不让别人讨厌自己”。

如前所述，我们为了不让别人讨厌自己，会隐藏真心话，顺应潮流。结果，这样做只会一味地增加自己的精神压力。

要知道，“想被人喜欢”，首先自己必须“先喜欢那个人”。

要想被别人喜欢，不是“努力不让对方讨厌自己”，而必须是“自己先喜欢对方”。

心理学调查的结果，对此做出了证明。

美国华盛顿大学的罗纳尔多·史密斯博士调查了对他人有不安全感倾向的103人，制作了调查报告。

这份调查报告表明，越是渴望自己被对方喜欢的人，越容易产生不安全感。

也就是说，越是渴望对方喜欢自己，渴望所有人都喜欢自己，越是无法满足自己的愿望，越是会不断积累不安全感。

换句话说，越是在意他人对自己评价的人，越容易感到痛苦和不安。

关注别人对自己的评价、周围人看自己的眼光，我们会变得不安、疲劳，备受精神压力的折磨。

因为我们不可能知道别人对自己的真实评价，所以也没必要去关注这一点。

如果您喜欢一个人，只是“您喜欢他”这一点就很好啊！

重要的是给予

不安全感强烈

OK

只是付出

不求回报

没有不安全感和精神压力

**如果对对方没有任何要求，
您就不会有任何不满，不会觉得疲惫不堪，
会从所有的精神压力中解放出来。**

5 不要过度依赖他人

重视独立自尊的精神

我们先看一下实验的数据吧。

美国哈佛大学的弗朗西斯·吉诺博士以102名大学生（其中女性有56人）为调查对象，让他们从两种影片中选择一种观看。

首先，吉诺博士让一部分大学生看关于著名的大堡礁的美丽珊瑚礁群的一般性影片，让另一部分大学生看容易让人产生不安情绪的有关登山事故等内容的严肃性影片。

然后，吉诺博士又让大学生们看测量人物体重的影片，该影片中的人物和之前的影片完全无关。最后，吉诺博士突然问大学生们："你觉得这个人的体重大概有多少公斤？"

结果，观看一般性影片的学生们都立即回答出了自己估计的重量；而观看让人产生不安情绪的影片的大学生们，则大多回答"不知道"，并且希望吉诺博士给予提示。

这个实验的具体数据为：观看一般性影片的学生中，72%的人都不需要别人的建议；而观看容易让人产生不安情绪的影片的学生中，有90%的人都希望别人给予建议。

人物的体重和学生们看的影片根本就没有关系，所以，在普通的心理状态下，学生们都能给出适当的答案。

而在不安全感强烈的心理状态下，大多数人会对自己失去自信，变得依赖他人。

所以，如果您对任何事都持消极的态度，感到不安时总想依赖他人，**您首先需要做的是停止依赖他人。**

这样一来，您会逐渐恢复自信，不安全感也越来越淡薄了。

总是依赖他人，将会失去自信

他人的判断优先

寻求对方的判断

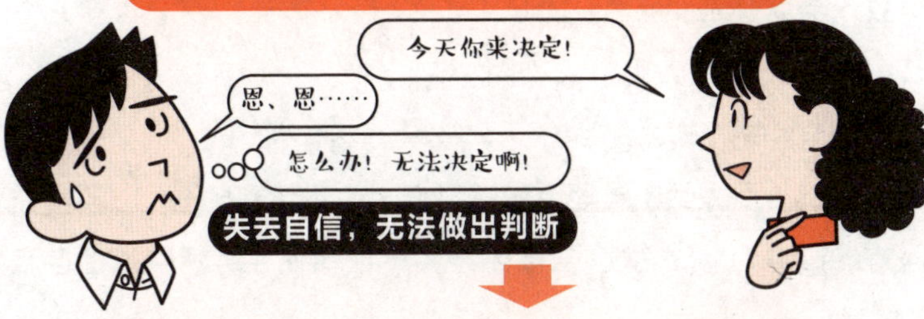

自己无法做出判断

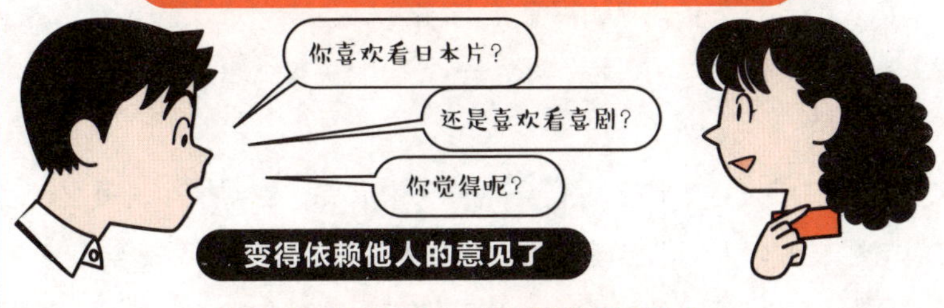

自己没有主见，光是依赖别人，会越来越感到不安。

6 您是否完全拒绝别人的帮助呢？

孤独是最让人恐惧的东西

虽然前面说不能过度依赖他人，但我认为，我们也不能完全拒绝他人的帮助。

那是因为，无论独立自尊的精神是多么重要，被不安全感纠缠的人，都绝对不可能突然就完全地独立独行起来。

不过，**只要有一点点别人的帮助，我们就能逐渐培养出独立自尊的精神。**

这个方法其实非常简单。

就是在你身边找到同伴。仅此而已。

下面介绍一个实验。

美国南卡罗来纳州弗曼大学的贝斯·伯恩塔利博士，以科学技术对语言的影响为名，召集了 93 名学生，让他们在房间中拍摄自我介绍的视频。

房间中有朋友在的学生们，自我介绍时都落落大方，介绍的水平非常高。（满分 7 分，平均得了 4.74 分）

相反，房间中没有朋友在的学生们，做的自我介绍都不是很好。（平均 3.25 分）

只要有朋友在身边，人们会感觉心里有底，更有信心。反之，身边没有朋友时，人们则会因为心虚和孤独而产生强烈的不安全感。

因此，完全不依靠别人、一切都要自己努力的人，就是主动选择了孤独。

不想孤独的话，就试着依靠一下别人吧

能帮助别人，也是令人开心的事。
所以您千万不要客气，坦然接受别人的帮助吧。

治愈系心理学

原话奉还反击法

经常会有人问您一些让您讨厌的问题吧?

“你多大啦?”

“结婚了吗?”

“年收入是多少?”

“还没有男朋友吗?”

这些隐私的问题会让一些人感觉非常痛苦，在某些场合，只会令人心生厌恶。

可惜，非常遗憾的是，提出这些问题的人根本不知道这些问题是很没有礼貌的，只是无心地随口问问。

在这种情况下，最好的处理办法就是原话奉还。

提出这些问题的人只有在被问到这些问题时，

才会意识到：“这些问题真不礼貌！”

容易被无心话语所伤害的敏感型人，特别是女性，请一定记住这个反击方法。

实际上，男性没有女性敏感。美国哥伦比亚大学的乔治·博纳诺博士对 2752 人进行了精神坚强程度的调查，结果表明，男性比女性坚强 2 倍。

也就是说，**在精神方面，男性相对迟钝，女性更加敏感**。

并且，随着年纪的增加，男性和女性的精神都会变得更加坚强。所以，最好的应对办法也许是逐渐长大吧。

加油！| Fighting!

在您闷闷不乐、担心不已，就要泄气认输时

对任何人来说，人生都不简单。

正因为人生不能完全如人所愿，

所以我们才会碰壁、

遭遇挫折，意志消沉。

我有一个办法，能让您在此时振作起来。

7 不关注自己的缺点

自己夸赞自己

没有自信、克制自己的欲望、对未来也是悲观态度的人，碰到痛苦或者悲伤的事，便会消沉，抗打击能力弱，很难重新振作。

在心理学中，把具有这种倾向的人称为“抑郁型人”或“有抑郁倾向的人”。

爱操心的人、不安全感强烈的人，也被归入这一分类。这一类人有相同的心理倾向。

美国俄勒冈大学的琼·克拉克博士招募了抑郁型男性和没有抑郁倾向的男性各 12 人，让他们分别和 2 名女性对话 5 分钟。

结果，抑郁型的男性比面对的女性还要纠结自己的缺点，一直在担心“自己说的话是不是很无聊？”“自己的行为举止是不是有些古怪？”

因为他们只关注自己的缺点，所以更加不安。这是抑郁型人的又一个特征。

那么，我们能摆脱抑郁倾向吗？

答案非常简单。只要我们不关注自己的缺点，只关注自己的优点。如同有臭味的东西要用盖子遮挡一样，我们不能总是盯着自己的缺点，反而要关注自己的优点。

美国夏威夷大学的伊莱恩·海比博士研究发现，**即使没人夸奖，也能自己赞美自己的人，不安全感和敌意较低，整体抑郁倾向也比较低。**

因为感觉到不安，而一直盯着让自己不安的原因，会令自己更加不安。索性无视让自己不安的原因，反而会放松下来。

关注自己的缺点，会变得悲观

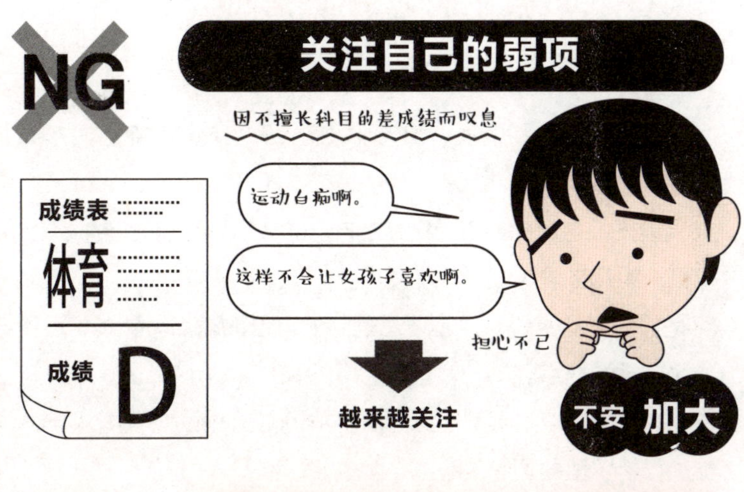

**虽然被人赞美会更有效果，
但自己赞美自己，也会让人变得非常乐观。**

8 醉心于其他的事情

为了完全摆脱不安

关注自己的缺点和弱项，相当于故意揭开自己的伤疤，只能增加自己的不安全感。

如果能无视自己的缺点，只关注自己的优点，我们就能放松心情，变得积极乐观起来。

可是，对某些人说："不要总是盯着自己的缺点。"他们反而会更加关注自己的缺点。

此结论得到了实验证明。美国纽约州汉密尔顿大学的詹妮弗·波顿博士进行了下面的调查实验。

波顿博士先让参加实验的学生们把自己最大的缺点写下来。然后，让其中一半学生在 11 天之内，不要考虑自己的缺点；对剩下的一半学生没有任何指示，让他们继续正常地生活。

另外，波顿博士让学生们在这 11 天里，每天都记录当天的心情、不安的程度和自信的程度。结果，得到了非常有意思的实验结果。

不让考虑自己缺点的那组学生，不安、抑郁、自信不足都有不同程度的加深。

也就是说，对某人说"不要关注 XX"，某人反而会"愈发关注 XX"。

这种想着"不要考虑"，反而会"考虑"的倾向，在心理学中称作"讽刺效果"。

我们的心理真的是太奇妙了。

如果您想要摆脱平时纠缠自己的不安全感，那么**请您专心致志地**

做别的事情。如果能把所有精力都集中在这一件事上，您就会摆脱纠缠您的不安全感。

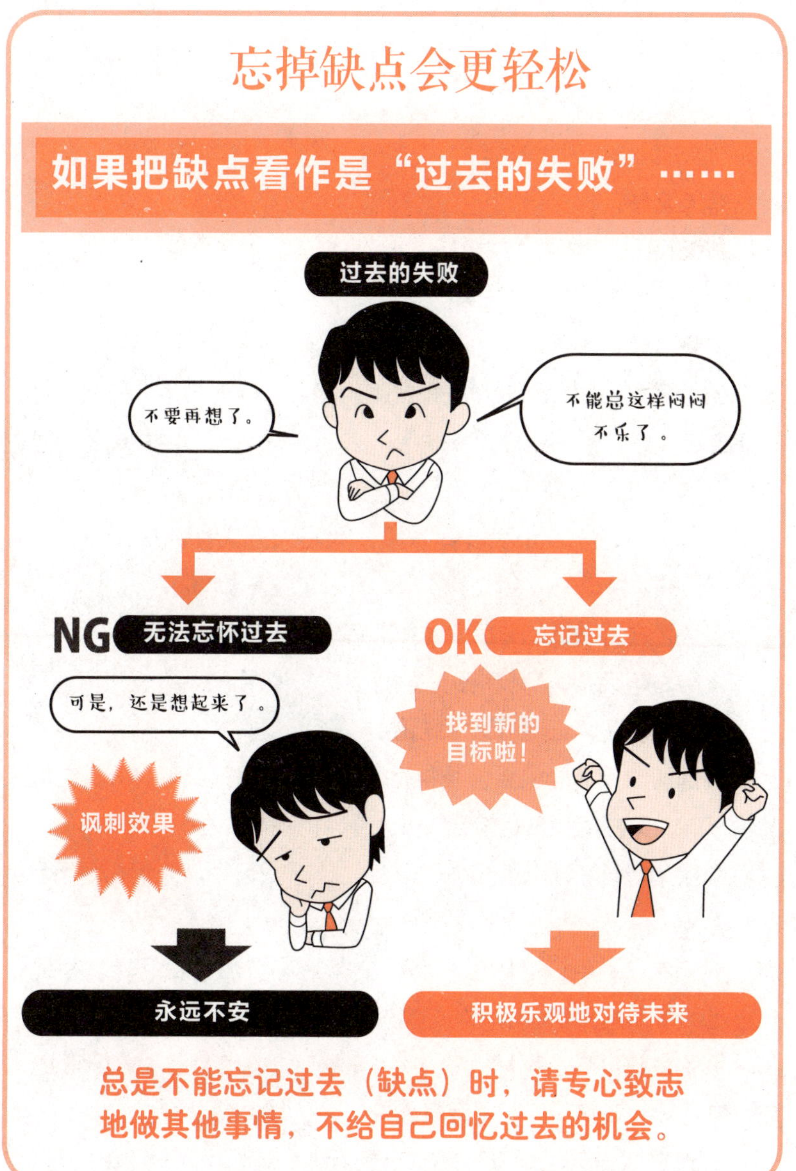

9 天气好的时候，心情也舒畅

每个人都喜欢“晴天”

晴天爱晴，

雨天爱雨。

快乐时快乐，

不快乐时也要快乐。

这是日本国民级历史作家吉川英治的名言。这句名言的意思是，只要自己快乐，无论是晴天和雨天，人都会开心快乐，最重要的是拥有快乐的心。

我深有同感。这句话说得太好了，无论天气或者周围的环境如何，根据自己的心情，有人会觉得快乐，有人会觉得无聊。

可是，在这段话的背后，隐藏着完全不同的“事实”。

人类在晴天会心情舒畅，在雨天会意志消沉。

生物学的研究证明了这个结论。

德国海德堡大学的诺伯特·施瓦茨博士的研究表明，人类在晴天和雨天时，幸福度和满足感会有很大程度的差异。

喜欢晴天是人类与生俱来的特性。比起雨天来，人们在晴天会觉得更幸福。

我们应该利用这个特性。也就是说，我们要加大利用晴天的效果，让自己的幸福感和积极乐观的心情更加强烈。

我们应该对自己说：“我的状态最好！”相信自己“做得完美”，暗示自己：“真幸福！”“运气真好！”

仅仅是这么做，您的不安全感便会烟消云散。

晴天是最好的支援者

晴天时，我们会心情舒畅。这时，我们应该鼓励自己，让自己更加积极乐观！

10 把不安转变为刺激

正因为不安，更加要努力

您知道1967年开始播放，一共播放了20多年的NHK（日本放送协会）电视节目《快来玩吧》《能做到吗》中的诺博先生吧？

扮演诺博先生的作家高见映先生，20多年来一次都没有休息。在某个采访中，他是这样说的：

“我并不是因为非常有干劲才一直没有休息，而是因为害怕自己一旦休息，便会被人取代。”

不只是高见映先生，每天早晨都要播放节目信息的播音员中，也有很多人担心“如果自己休息了，代理的播音员表现更出色，自己将会被他取代”。他们也正是因为这种不安全感，所以每天早晨都非常努力地工作。

其实，**人们都有这种倾向：因为有不安全感，为了消除不安全感而非常努力。**

美国加利福尼亚大学的温托洛克教授的实验，对此做出了证明。

教授在课堂上，突然让学生们阅读佛教相关的文章，并告诉其中30名学生随后就要考试，使这30名学生产生不安；而对其他66名学生，则没有任何预告。

2周后，教授突然拿出佛教相关的试题。结果，得到考试预告的学生们，成绩都非常优秀。

也就是说，在不安时，人们会做出相应行动，以消除不安。在上述实验中，得到考试预告的学生们为了消除不安，认真地阅读佛教相关的文章。

不安全感让我们做出思想准备，让我们发起行动，避免出现最坏的情况，是刺激我们前进的动力。因此，我们应该喜欢它。

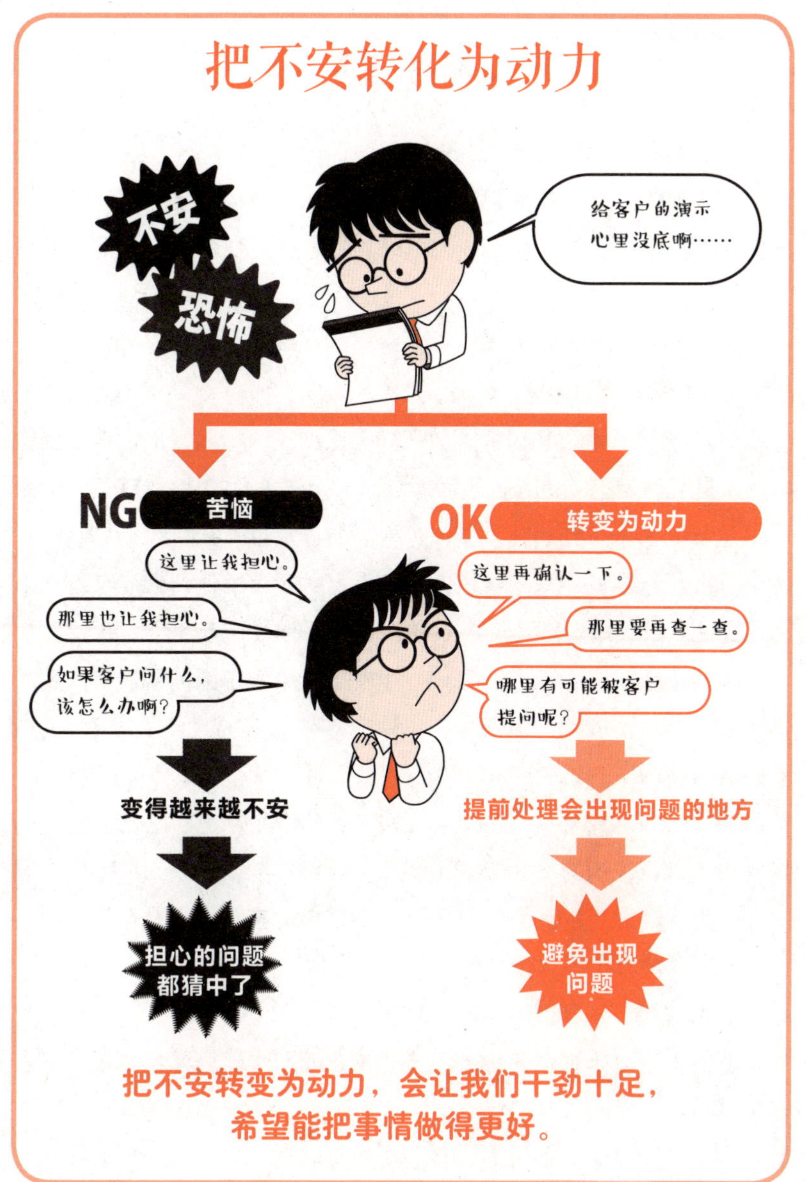

11 不安全感强烈的人都非常努力

执着于好的方向

因为有抑郁倾向的人都不太擅长交际，所以他们会因人际关系而产生不安。但是，他们还有令人惊讶的另一面。那就是，他们对某事非常执着。

这种执着就是把全部精神都集中在一件事上，在实现目标之前不断努力，而且不会轻易放弃。

请您想想艺术家和研究人员吧。无论别人说什么，他们都不受影响，只是坚持自己的信念，最后得到别人无法企及的伟大成就。

这样的艺术家和研究人员，有两倍于常人的执着。

例如，著名的诺贝尔经济学奖获得者约翰·纳什，就非常不擅于和人交往。好莱坞电影《美丽心灵》讲述了他的事迹。

世界著名的前卫艺术家草间弥生女士，用水珠图案整体镶嵌艺术作品和绘画。她曾因为强烈的抑郁倾向，不得不住院治疗。但她仍然不断努力地创作出新的艺术作品。

加拿大康科迪亚大学的克尔斯滕·罗修博士，对 122 名 15 ~ 19 岁的青年进行了历时一年半的跟踪调查。调查结果表明，抑郁型人倾向于“为了实现目的而不懈努力”“不轻易放弃”，不是抑郁型的人则倾向于“放弃了再寻找其他的目标”“尝试新的方法”。

也就是说，乐观型的人容易放弃，然后寻找新的目标；与之相对，抑郁型人无论发生任何事，都不会放弃，而是会努力坚持到最后，是不折不扣的拼搏家。

如果能执着于好的方向，我们会受益匪浅。

抑郁型的人

刨根问底，不懈努力

多为研究者、艺术家

乐天型的人

容易放弃，
立即发现新的目标

多为经营者、投资家

虽然一般来说，都要避免执着，
不过有时执着也是好事。

12 不要跟心理阴暗的人结婚

“夫妻相似”是事实

“夫妻相似”，这句话的意思是成为夫妻的男女，即使最初完全不像，在一起生活后，兴趣、性格、想法也会逐渐相似。

这句话不仅日语中有，英语中也有意思完全一样的话。Every Jack has his Jill，这句话的意思就是：“无论什么样的丈夫，都有跟他相似的妻子。”

您的朋友中，也有相似的夫妻吧?

美国田纳西州范德比尔特大学的克里斯蒂娜·克洛斯博士对 296 对夫妇进行了调查。

调查结果表明，夫妻的心理状态是一致的。也就是说，妻子性格开朗，丈夫也会性格开朗，夫妻两人性格一致。

反之，如果丈夫有抑郁倾向，妻子也会变成抑郁型人。

这种共同生活的人心理状态一致的现象，在心理学中被称为“感情感染效果”。

因此，**如果您想改变自己的悲观性格，那么请一定跟乐观的人结婚。**

不仅是夫妻会出现感情感染，长期交往的朋友间，也会出现同样的效果。

性格极为开朗的人和心理阴暗的人交往，会感染心理阴暗的人；反之，心理非常阴暗的人也会对周围的人产生强烈的影响。

伴侣会陪伴我们度过一生，因此选择伴侣时，一定要考虑对方的性格。

长年相依为命，性格也会逐渐相似

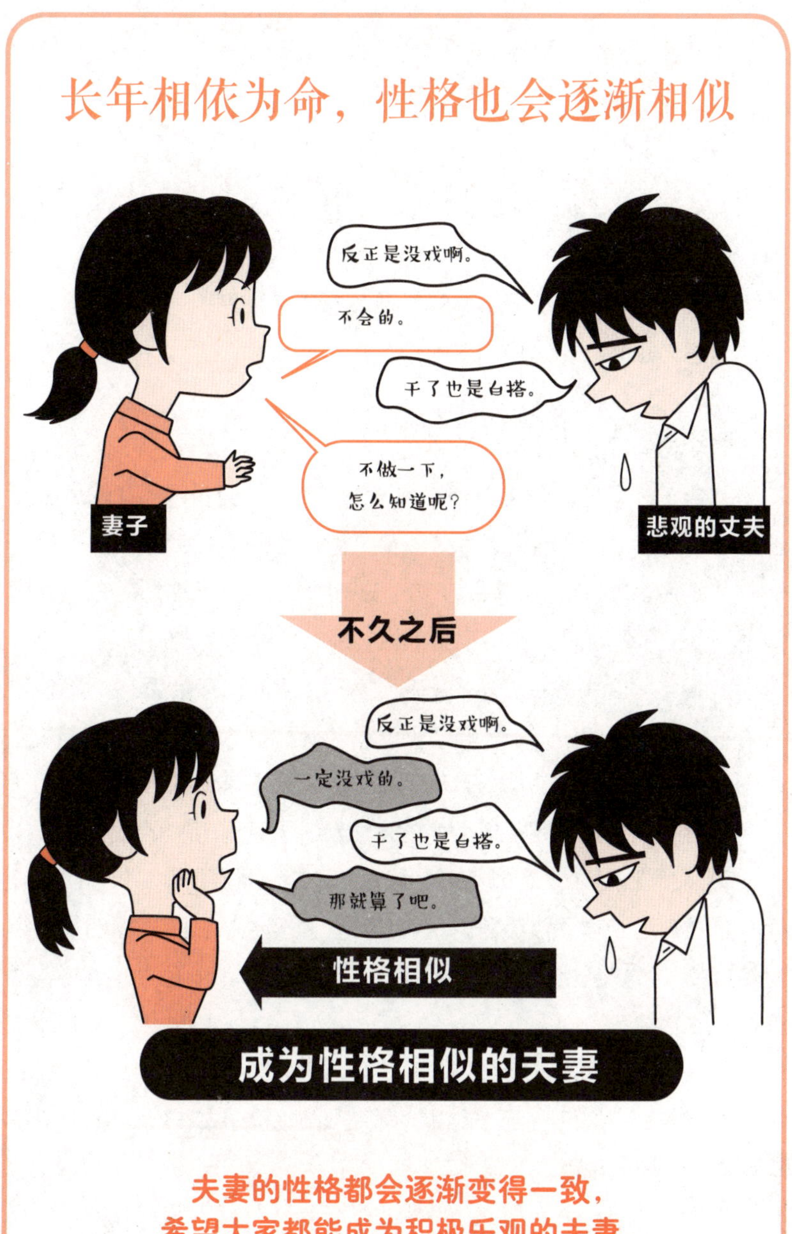

夫妻的性格都会逐渐变得一致，
希望大家都能成为积极乐观的夫妻。

13 不能认为“自己已经彻底完了”

人生可以无数次重新再来

如果在工作中出现了重大的错误，您会怎么想?

“怎么办啊！无法挽回了啊！”

“糟糕！要被开除了！”

您会这样担心不已吧?

或者，如果您没能考进理想的一流大学，您会觉得：“我的人生已经完了。这下肯定不能进入好公司了，只能失败地度过一生了。”

结婚后，发现自己的丈夫非常过分，也许您会一直这么后悔吧：“跟他过不下去了！可是，如果离婚的话，还有人肯娶我吗？”

我们会因为失去机会、担心自己将来也不能改变，而闷闷不乐，后悔不已。

此时，除了后悔、认为自己完了之外，还有其他的选择吗?

下面，请看美国阿肯色大学的迪尼斯·贝克博士的调查报告吧。

贝克博士在网上对68名40～73岁的人进行了问卷调查，调查内容是对自己工作、学历等的后悔程度。调查结果表明，即使是曾经后悔过的人，只要坚信可以“重新再来”，便不会一直后悔下去，而是再次发起挑战。

即使我们认为“自己已经彻底完了”，其实也并不会真的陷入绝境。

无论是高考、工作还是结婚，我们随时都能再次挑战，随时都能重新再来，随时都能改变现状。

改变方向会一直伴随人生之路。天无绝人之路，我们真的可以无数次重新再来。

人生可以重启

人生和买东西相同

不能退货时

不能“重新再来”，
只是后悔

可以退货时

可以“重新再来”，
毫不后悔

人生和买东西相同，都“可以退货”。也就是说，只要您相信人生可以重启、重新再来，就根本不必后悔。

14 明确表达 YES 或 NO

自己做出决定

先看看下面的实验吧。

新泽西州的理查德·斯托克顿学院的大卫·莱斯特博士就何种性格的人不安全感更强烈进行了调查。他让 288 名学生填写与自杀相关的问卷调查。

在征集对问卷的意见时，博士发现越是既不回答“YES”，也不回答“NO”，而是回答“不是 YES，也不是 NO”或“不清楚”的人，不安指数越高。

选择回答“YES”或“NO”的人，每次都会做出明确的选择，每个选择都伴随着责任。他们做出了明确的选择，意味着他们勇于承担责任。也就是说，这些人不怕责任，能主动做出决定。因此，他们对自己有自信，不安指数也较低。

另一方面，什么都不选择的人，是在拒绝、回避自己做出选择。也就是说，他们为了不用背负任何责任，选择了逃避。

这样的人，因为没有自信，所以不安全感强烈。因为他不做出任何决定，所以他一直飘忽不定，这会导致他的不安全感愈发强烈。

因为没有自信所以拒绝选择的人，总是拿不定主意，心情永远无法平静下来。

如果您没有自己的立场，出现问题时连思想准备都没有。一旦出现问题，您只能是忐忑不安、不断逃避。

选择错了也没有关系，以后可以重新选择。首先，请您做出选择，承担起选择的责任。

那就是您的立足之地，也是您出发的起点。

逃避只会增加您的不安全感

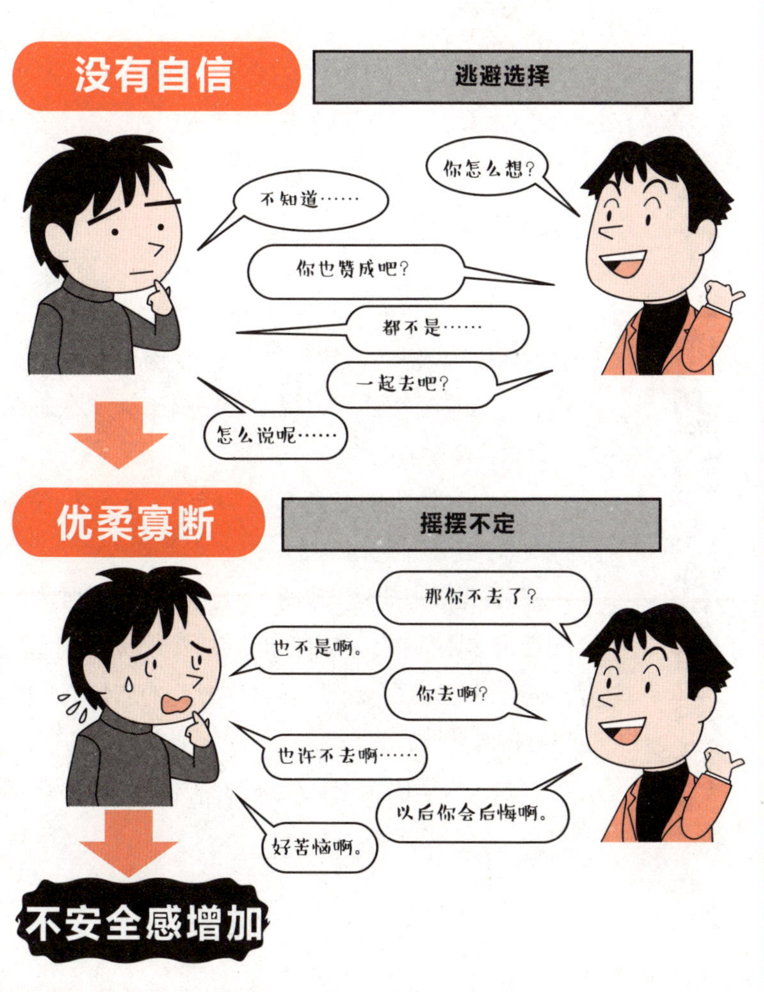

如果不从 YES 和 NO 中选择答案、表明自己的立场，则无法继续交流。

什么血型的人容易消极？

没有哪个国家的人比日本人更纠结于血型了。

日本人与人交往时，经常希望知道对方的血型，并以此来推断对方的性格。

关于血型占卜的书竟然异常畅销，全世界恐怕也只有日本会出现这种情况吧？

那么，世界上其他国家的人，为什么不关注血型呢？

理由非常简单，按血型把所有人分成四类，既没有根据也没有说服力；所有人的性格只有四种，全世界也只有日本人相信吧。

可是，科学的调查结果表明，日本人的血型信仰

未必是错误的。

美国安杰洛州州立大学的桑盖塔·辛格博士对 108 名 18 ~ 50 岁的调查对象，通过血型调查他们的抑郁程度。结果表明，O 型血的人抑郁程度高，AB 型血的人抑郁程度低。

另外，奥地利维也纳大学的马丁·维拉赛克博士对全世界 39 个国家（不包括日本）进行了各血型自杀率的调查，发现 O 型血的人自杀率最高、AB 型血的人自杀率最低。

您对这个结果有什么看法呢?

加油！| Fighting!

第3章

当您火冒三丈时

在这个难以生存的世界里挣扎，
您经常会突然怒火中烧、
火冒三丈、
对周围的人大发脾气吧？
有一种心理术，可以让您保持镇静。

15 保持从容镇静的心情

疲劳的人容易发怒

在这个难以生存的世界里，尤其是在城市里生活的人，经常会为一点儿小事火冒三丈。

在人满为患的电车里，您刚要迈腿下车，便有“坏人”挤进车厢，让您无法下车。

开车在路上行驶时，您刚打算改变车道，旁边车道的车便突然加速，挤得您无法换道。

周末让您加班时，上司不但没有安慰，还很过分地说：“反正周末你也是闲着。”

家庭主妇之间的闲唠叨也不让人顺心，对方竟然说：“我可累死了。还是你孩子好，不用上大学。”

疲惫不堪的您好不容易回到家里，刚要坐在沙发上歇歇，妻子便怒吼：“别坐那里！”

我们越是在疲劳的时候，越会因为一点儿小事发火。

加利福尼亚大学的尼克尔·罗伯茨博士让 19 位警官和他们的妻子连续 30 天写日记，根据日记的内容，对他们的心理状况进行了调查。

博士详细阅读了他们的日记后，发现当警察的丈夫越是疲劳，越难以控制自己的情绪，并且在感觉到疲劳的日子里，有 25% 的人对夫妻关系很不满意。

我们在身体疲惫时，心情也无法从容镇静，于是，一点儿小事便会导致冲突。

既然疲劳时我们容易发火，那么适当休息便极为重要了。也就是说，**最重要的是让心情保持从容镇静**。

我们不能过于热衷于工作，而是要适当地休息。在人际关系方面，也不要过于认真，尽量往好的方面想，不让自己产生精神压力。

16 我们的身体中既有天使，也有恶魔

换个角度看问题

我们的行为和思考都有自己特有的“模式”。

例如，在觉得寂寞时，给某位朋友打个电话；有精神压力时，大肆购物；生气时大吃一顿……我们在某种情况下，经常会做出同样的行为。

因此，**只要不改变这个模式，我们便会不断重复出现相同的问题，永远不能从根本上解决问题。**

如果您每次被上司辱骂为笨蛋之后，都要靠喝酒来释放压力的话，希望您今后能考虑考虑身体，寻找其他的解决办法。

美国斯坦福大学的丽贝卡·莱伊博士告诉 82 名女大学生：“请拿出两分钟的时间，想想这两星期内让你生气的人。”

结果，82 名女大学生分成了两组，①组的学生总是站在自己的角度进行思考；②组的学生思考问题时，会从客观公平的角度出发。

结果，①组的学生愈发愤怒；与之相对，②组学生愤怒的增加程度则非常小。

也就是说，愤怒的人思考问题时总是以自己为中心，受害者意识愈发强烈；如果从其他人的角度思考问题，则会认为愤怒的人是自己在钻牛角尖儿。

如果您身体内的恶魔总是在您耳边嘟囔：“他总是叫我笨蛋，可是他又是什么东西！”希望您也能努力地倾听一下您身体内天使的声音。“虽然他叫我笨蛋，但原因在自己吧。在发火前，应该先问问自己到底做错了什么吧。”

倾听天使的声音后，您的行为模式也能发生改变，这样做也许会让您消除精神压力。

倾听天使的声音

原因与结果	恶魔之声	天使之声
①原因	又被上司鄙视了	又被上司鄙视了
②感情	受伤，愤怒	受伤，愤怒
③希望	消除忧郁	不再被上司鄙视
④对策	靠喝酒 消除忧郁	找到自己 做错的地方
⑤行动	醉酒 指责上司	不指责对方 让对方知道自己的心情

请冷静地控制住自己愤怒的情绪，侧耳聆听天使的声音。

17 不要抱有太多的期待

一厢情愿地期待会产生愤怒

和男朋友一起郊游时特意带着盒饭，结果男朋友吃完没有一点儿反应，既不说好吃，也不说难吃，这样的男朋友真让人火大！

大型商务会谈后，申请带薪休假作为奖励，结果被上司驳回，真让人火大！

……我明明这么努力！吃了这么多苦！为什么没人来认可我的努力呢？

得到的结果和自己期待的反应不同时，我们会忿忿不平，觉得“自己的努力得不到回报”！

可是，原本您的期待很可能就是自己的一厢情愿吧？美国北卡罗莱纳大学的史蒂芬·沃切尔博士让123名男大学生帮忙做实验，告诉他们工作完成后会有奖品；另外，还对一部分学生说他们可以自由选择奖品。

不过，博士在工作结束后，故意没有让学生们自由选择奖品，而是统一发放了奖品。

结果，事前没有被告知“可以自由选择奖品”的学生们毫不生气，而事前被告知“可以自由选择奖品”的学生们则非常愤怒，抗议教授出尔反尔。

学生们的愤怒完全是因为一厢情愿的期待而产生。如果原本就没有任何期待的话，我们也不会有什么愤怒吧。

我们的期待落空时，会感到失望和悲伤。这个道理谁都懂吧？可是，实际上期待落空时，我们表现出的却是愤怒。

所以，**我们不能过于期待回报，尽量避免过高评价自己的努力。**

那样的话，我们也不会发火了吧？

NG 一厢情愿地期待

这本书很有意思啊，你肯定会喜欢的。

寻求共鸣

不适合我。

愤怒

因期待落空而非常失望

OK 什么都不期待

这本书很有意思啊，也许你会喜欢？

不求任何回报

真有意思啊，谢谢你。

因为没有预测对方的反应，所以很开心

仅仅是期待或不期待，便能左右我们愤怒的情绪。

18 不要发带感情色彩的文章

网络时代的生存秘诀

我们生活在现代社会，会经常利用网络进行交流。网络交流的普及让我们可以随时与朋友联系，但与此同时，也为我们带来了前所未有的新型冲突。

在这个人与人交流不需要面对面，也不需要说话的时代，希望大家能牢记一个生存秘诀。

那就是不动感情。

在这里介绍一下 IT 大国美国的调查结果。南加利福尼亚大学信息系副教授罗纳尔多·拉伊斯博士分析了 2347 份网络评论对话。

这些对话与普通的网络对话相比，带有喜悦、愤怒、辱骂等感情色彩的发言较多。

简单说来，就是：

【发布方】因为看不到对方的表情，所以毫不在意，轻易地使用各种带有感情色彩的发言。

【收信人】因为看不到对方的表情，所以产生了过度的反应，甚至忽略了对方文章的真正意图。

公然指责对方本是非常特殊的行为，但是进行网络评论时，所有人都能轻易地做出这种行为。

恋人用手机邮件发来“分手吧”，让对方怒火中烧，这种事我们早已司空见惯。

面对对方时，有些话我们很难说出口，但利用邮件却能轻松地把这些话发给对方。而且，我们在邮件中，还很容易发出带有感情色彩、很不礼貌的话。

即使是郑重其事的文章中哪怕是微不足道的否定表现，也会让收件方往恶劣的方向联想。

在网上不要发表带有感情色彩的文章。而且，即使是怒火中烧，也不要感情用事。这就是网络时代的生存秘诀。

19 不完美也挺好的

为小小的成功而喜悦

我们的愤怒往往不是针对别人，而是针对自己。

您知道在什么情况下，我们会这样吗?

我们在无法实现自己设定的目标时，会对自己愤怒，责备自己不够努力。

什么? 怎么会这样? 那样是有上进心，不是挺好的吗?

很多人都会这么想吧? 可是，其中有不少人已经超出了上进心的范畴，而是过于追求完美，并且因为完美主义而患有焦虑症，心理上不够健康。

英国肯特大学的卡拉迪亚・贝克尔博士对 535 名运动员（足球、排球、田径等运动员）进行了调查。

调查结果表明，越是给自己制订了完美目标的运动员，焦虑症的倾向越强烈；越是完美主义者，因为不够完美产生的不安全感越强烈。

为了填补理想目标和现实之间的空隙，我们拼命地努力。**普通人为自己设定小小的目标，实现后会非常喜悦，然后再为自己设定新的目标。**

可是，完美主义者在一开始就为自己设定极高的目标。因为这个目标太过高远，所以很难实现，完美主义者得不到成功的喜悦，只能持续度过艰苦的时期。

因为完美主义者得不到小小成功后的喜悦，所以一直处于不安状态，心情无法平静。

与此同时，他们还会因为无法实现目标，而对自己产生愤怒。

对这样的人来说，最需要的是降低自己的目标。

追求完美，产生不满

追求完美

① 最初便设定过高的目标

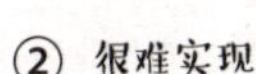

② 很难实现

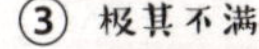

③ 极其不满

制订容易实现的目标

① 制订容易实现的目标

② 为小小的成功而喜悦

③ 满足于小小的成功

不逞强，而是选择适合自己的目标，会让您的心情平静。

20 能够消除愤怒情绪的香气

常备薰衣草香料

我非常喜欢薰衣草的香气，不但在自己家的院子里种了很多薰衣草，还把它们制作成香料和香草茶，我乐在其中。

香薰中最流行的也是薰衣草，其效果得到了认证。

如下页图表所示，薰衣草能产生各种各样的效果。

其中值得我们特别关注的效果是缓和愤怒的情绪。

美国西俄勒冈大学的克里斯蒂娜·巴内特博士以 18 ~ 30 岁的 31 位男性和 42 位女性为调查对象，对香气和情绪的相关性进行了调查。

博士首先让调查对象在规定时间内做非常难的填字游戏，以此增加他们的紧张感和不安全感。

然后让他们闻迷迭香、薰衣草和清水。被实验者中大约有 70% 的人喜欢薰衣草的香气，52% 的人喜欢迷迭香的香气。

也就是说，紧张和不安全感强烈的人，为了消除这种情绪，生理上选择的香气是薰衣草的香气。

生理反应的速效性高，与其让大脑为了消除不安而努力思考，不如依靠香气，香气能更快地得到很好的效果。

薰衣草的温柔花香，会让我们的心灵得到安慰。

薰衣草可以缓和愤怒、缓解疲劳，让我们忘掉苦恼、消除精神压力。

另外，薰衣草还能调节人体中枢神经系统的平衡，所以薰衣草的镇静作用出众，能辅助睡眠，调节我们的血压和心率。薰衣草真的是万能香料。

薰衣草的功效

对心理的功效

镇静、抗忧郁。

缓和紧张的情绪和精神压力，辅助睡眠。

治愈心中的忧郁，消除心中的愤怒。

松弛紧张的神经，抑制恐慌和歇斯底里。

舒缓焦躁的心情。

对身体的功效

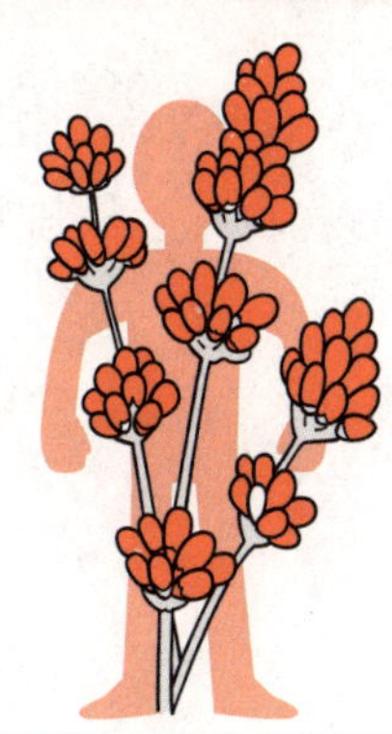

强心、降血压、解毒、抗病毒、抗抑郁、

杀菌、促进细胞生长、抗真菌、

镇痛、发汗、治愈伤痛、

利尿、消炎、止痉挛、镇静、

除臭、增强免疫力。

身边常备一瓶薰衣草精油吧。

「愤怒」与「轻蔑」的概念

您曾经想过“愤怒”和“轻蔑”的区别吗?

例如，如果您看到有人在虐待小动物，您当时一定会对虐待小动物的人产生愤怒，想要阻止他吧。同时您还会蔑视他吧：“真是个卑鄙无耻的人啊！”

虽然愤怒和轻蔑这两种感情经常同时出现，但是在心理学上可以把二者明确区分。

荷兰阿姆斯特丹大学阿古内特·费舍尔博士定义：**愤怒是一时的感情，不会持续很长时间，不久便会自动消失。**

可是，**轻蔑则是排除对方的感情，是长期持续的**

「愤怒」与「轻蔑」的概念

感情。

另外，愤怒是人感觉到对方的力量时，表示反抗的感情；瞧不起对方则是蔑视。

了解了心理学方面的见解，我们能认真思考一下二者的区别吧？

心理学上还有一个有趣的区别，那就是“心情”和“情绪”的定义的区别。

心情是可以保持很长时间的微弱的感情，情绪是短时间出现的激烈感情。也就是说，心理学上用时间的长短来区分这两种感情。

加油！| Fighting!

当您的内心很受伤时

我们的内心都非常脆弱，别人无心的话语、微不足道的小事，

都能让我们受到打击、情绪低落。

不过，我们也不能总是这样悲伤。

本章为您介绍尽快忘却悲伤、战胜磨难的心理治愈方法。

21 悲伤时听伤感的音乐

摆脱悲伤的方法

人在什么情况下，会感到“悲伤”呢？

当别人背叛我们时，我们的人格受到伤害时，输给对手后悔不已时，希望变成绝望时，被恋人抛弃时，爱人去世时……

在这些时刻，我们的内心会很受伤害，我们会异常悲伤。

我们越是悲伤，越无法摆脱悲伤，这样的情况也会逐渐影响我们正常的生活。

那么，我们怎么做才能尽快摆脱悲伤的感情呢？

音乐疗法是一个解决的办法。**在您觉得悲伤的时候，请听伤感的音乐。**

长野县护理大学护理系的松本纯子老师，以 369 名大学生为对象进行了调查。首先，让学生们回想自己人生中最悲伤的事，并用 12 分钟叙述这段伤心事，使学生们都陷入悲伤的感情中。

然后把学生分为两组，为一组学生播放 2 支埃里克·萨蒂作曲的悲伤音乐，为另外一组学生播放 2 支欢快的音乐。

结果，松本老师发现在悲伤时听伤感音乐，悲伤的情绪得到了缓解。

也就是说，我们在悲伤时，听欢快的音乐也不会振奋起来，反而是伤感音乐能让我们充分释放悲伤的感情，起到某种“净化”作用，缓解了我们的悲伤。

这就是让您尽快摆脱悲伤的秘诀。

摆脱悲伤感情的方法

听伤感的音乐

充分释放出悲伤的感情后，我们便能得到“净化”，摆脱悲伤的感情。

推荐给您的“伤感音乐”名单

作曲者	曲名	作曲者	曲名
贝多芬	第八号钢琴奏鸣曲“悲怆”	肖邦	离别
瓦格纳	“爱与死”，摘自歌剧《特里斯坦与伊索尔德》	柴可夫斯基	弦乐小夜曲
福雷	挽歌	马勒	第五交响曲 第四乐章 柔板
埃里克·萨蒂	第三、第五玄秘曲	拉赫玛尼诺夫	练声曲

悲伤时，即使勉强自己听欢快的音乐，悲伤的感情也不能被“净化”。

22 为何失恋会让我们痛苦？

所有人都爱着“恋爱的感觉”

坠入爱河之后，人会变得异常光彩照人。

坠入爱河之后，我们心情激动，相信充满希望的未来，激动地度过美好的幸福时光。

我们的身体也是一样，不断分泌出肾上腺素和苯基等脑内物质，使我们光彩照人，女性变得更加美丽，男性变得更加健壮。

繁衍后代是生物的宿命，人类也渴望恋爱，所有人都追求着“恋爱的感觉”。

正因为这样，人坠入爱河后，心理状态极好，所以会觉得“幸福”。

美国俄亥俄州州立大学的特里・佩蒂特琼博士以 150 名学生为调查对象，对让人最有幸福感的情况进行了调查。

结果表明，让人最有幸福感的就是“坠入爱河”，有 63.9% 的男性和 87.6% 的女性都选择了它。

可见，无论是男是女，坠入爱河都会觉得幸福，有强烈的幸福感。

而选择“事业成功”的男性只有 13.1%，女性只有 4.5%。

恋爱在很大程度上决定了我们人生中的幸福感。所以，在失恋后，我们会感到受伤，会非常悲伤。

那是因为恋爱结束让我们感到懊悔和悲伤难过吧。可是，我们再懊悔、再悲伤也于事无补，在“那里”已经没有我们渴望的幸福了。

因为，让人觉得最幸福的就是“坠入爱河”。

所以，我们只能做一件事，那就是寻找新的“爱恋”。

坠入爱河后，我们会非常幸福

佩蒂特琼博士的调查

让我们有强烈
幸福感的事

坠入爱河

男性 63.9%
女性 87.6%

让我们有强烈
幸福感的事

事业成功

男性 13.1%
女性 4.5%

想感受到幸福的话，哪怕是单相思都好，
也要寻找到恋爱的对象。

23 总之，先嚼嚼口香糖吧

脑子过一会儿才能跟上

在漫长的人生中，我们会感受到各种各样的幸福，同时，也会遭遇各种各样的不幸。

从工作失败到失恋，我们会遭遇各种不幸，其中甚至还有一些不幸，会让我们深受打击。

在遭遇不幸的瞬间，大家都曾经无法言语、大脑中一片空白吧？

处于这种精神恍惚的状态，不知道应该做出什么行动时，我们该怎么办才好呢？——先嚼一块口香糖吧！

嚼口香糖可以刺激大脑内部的血液流通，大脑也可以在此时整理各种信息。这样，我们的心情就可以渐渐地平复下来。

美国俄克拉荷马州州立大学的达纳·布里特博士召集了 45 位志愿者，让他们在大家面前做演讲。演讲的内容是关于自己的外表。

在演讲前，所有人都精神紧张、血压升高。但是，嚼了口香糖之后，大家都逐渐恢复了平静。

我们在嚼口香糖时，牙齿做出咀嚼的动作，这种动作会刺激大脑内部的血液流通，使我们心情平静。

因为这个实验中的口香糖不含糖分，所以，**如果没有口香糖，我们仅做出咬牙的动作，也能得到同样的效果**。

痛苦时，“咬牙”的动作其实是科学有效的方法，可以缓解我们的痛苦。

不认输！不会失败！加油啊！

遭遇任何逆境时，我们都可以嚼口香糖或者咬牙，这样一来，无论我们当时多么消极，不久后都会重新振奋起来。

嚼口香糖让大脑苏醒

嚼口香糖能提高反应速度

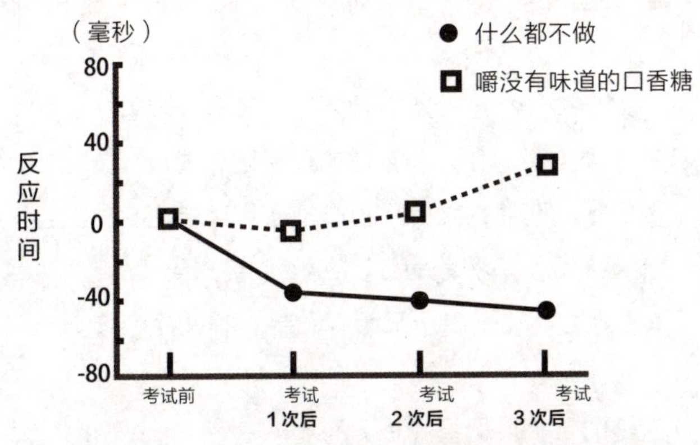

（摘自国际临床神经生理学会志网络版 2008年11月19日）

各种各样的实验证明了，
嚼口香糖有促进大脑活动的效果。

24 昂首挺胸向前进

垂头丧气的人没有幸福

悲伤的人容易垂头丧气，视线朝下。他们在走路时会垂下肩膀，而且一边走一边叹气。

这样一来，人自然而然地弯腰驼背，姿势变得很难看。

如果这样的坏姿势会导致人一直被消极感情包围，您会怎么办?

美国俄亥俄州凯斯西储大学的穆拉维博士用实验证明：在生活中，正确的姿势可以帮助我们消除消极的感情。

博士把 69 名学生分成了以下三组，让他们按规定的要求度过了两周：

①坐着和走路时，都要挺直腰板。

②尽量乐观地生活。

③什么也不做。

两周后，对三组人都进行了“自信增减度”的检查，结果发现①组人的自信程度大幅增加。

也就是说，**保持良好的身体姿势，可以增加我们的自信。**

仅仅如此就能增加自信？也许您会觉得有些不可思议吧。那么，请您想象一下吧。

您在悲伤或者陷入消极感情时，即使有人强迫您“端正姿势，挺胸抬头地前进”，您也很难做到吧?

没错，姿势和感情有无法切断的心理学关系。

所以，即使是强迫自己，也要挺直腰板，端正姿势，消除消极的感情。

心情符合姿势的变化

坏姿势

负面的心情不会消失

良好的姿势

心情逐渐变得积极乐观

伸直腰板，挺胸抬头前进！
心情就会随之改变！

25 受伤了要及时处理

认为“自己不行”的话，会真的不行

有人因为被朋友们排斥，伤心欲绝，甚至“很想离开这个学校”！

也有人因为被上司指责：“我第一次遇到你这么没前途的下属！”觉得“自己真是废物”！

还有人因为失去了最爱的人，悲伤不已，觉得“自己也彻底完了”。

在这个世界上，各种各样的人因各种事情伤心难过，悲剧英雄也并非只有您一个。

不过，有很多人都迟早会战胜悲伤，而尽早处理，会让您更容易摆脱悲伤。

关键的是**遇到任何让您受打击的事情时，都不能认为“自己不行”，而是要坚信“自己很快就能战胜它”！**

加拿大约克大学的海尼·威斯特拉博士对 67 名患有对人恐惧症和广场恐惧症的患者，进行了 10 次认知行为疗法（每周 2 次，每次 2 小时）。

结果，博士发现越是认为自己“我太恐惧了，怎么也治不好”的患者，治疗效果越低，而越是对自己充满希望，认为“我一定能改变”的患者，治疗效果越好。

最初的心态决定了治疗的效果。有自信、相信自己能战胜恐惧症的患者，便能得到很好的治疗效果。

患者对自己抱有希望，相信“自己可以改变”，增加了改变自我的欲望，提高了治疗效果。

沉浸在悲伤的感情中、一直自我怜悯，也没有什么不对，但是，如果您想尽早战胜悲伤，请一定尽早处理。

如果您没有“想变成这样”“我想这样”的想法，那么，什么都不会改变。

26 和有相同经历的人交流

不要一个人死扛

在不安和悲伤时，和有相同烦恼的人或者是战胜过相同烦恼的人交流，对我们很有帮助。

例如，“匿名戒酒会”就是这样。“匿名戒酒会”诞生于美国，是酒精依赖症患者成立的互助组织。1935 年，患有酒精依赖症的股票经纪人比尔和外科医生鲍勃两人互相鼓励，终于成功戒酒，并成立了匿名戒酒会。

现在，世界各地都有匿名戒酒会。酒精依赖症患者们在聚会时，会说出自己的问题，让大家都意识到“我们有相同的依赖症”，这种“团体意识”会成为戒酒的源动力。

医院的实际案例，也证明了与相同经历的人交流，可以帮助患者更快地战胜疾病。

美国加利福尼亚大学的詹姆斯·库里克博士，对 84 位接受心脏搭桥手术的男性患者的平均住院天数进行了调查。（参照下页图）

调查结果表明，住在单人病房的患者平均住院天数为 9.96 天；和相同疾病患者住在同一病房的患者，平均住院天数更短，只有 8.04 天。

另外，同病房患者已经做完手术时，患者的平均住院天数更短，只有 7.97 天。

如果您有烦恼的话，请和拥有相同烦恼的人交流。

和战胜过相同烦恼的人交流，对您更有帮助！

请不要害羞，说出自己的烦恼吧！

拥有相同苦恼的人互相安慰，能更快地战胜苦恼

库里克博士的调查

【调查对象】84 位接受心脏搭桥手术的男性患者

病房情况		住院天数
单人间		9.96
病房里有其他患者	相同的心脏病	8.04
	其他疾病	9.24
	就要进行手术	9.17
	已经做完手术	**7.97**

战胜过相同烦恼的人，可以给您一些有用的提示，帮助您消除烦恼。

27 您为什么被人厌恶？

也许对方才是受害者

您被邻居一句无心的话伤害了。

您被同僚排斥，在公司内受欺负。

恋人冷酷地对待您，把您抛弃。

此时该怎么办才好？下面就说说应对这些情况的心理术吧。

咱们先暂停一下。

请您先反思一下，**让您受伤，真的是对方的错吗？也许，您自身也有问题，所以您才会被人厌恶吧？**

因为，多数抑郁倾向强烈的人，都有一些言语和行为令人生厌。

美国得克萨斯大学的乔治·博特霍夫博士的实验对此做出了证明。

博士对 267 名学生进行了长达 5 周的跟踪调查，发现了一些很有意思的关系。

- 抑郁倾向强烈的人，渴望得到朋友的鼓励。
- 可是，他们又怀疑朋友的话，希望得到更多的鼓励。
- 结果，导致朋友厌烦，反而离他而去。

不安全感强烈的人和没有自信的人，渴望别人对自己的判断进行评价："你怎么想？""这样好吗？"

可是，得到答案后，他们又进一步升级，渴望得到更多的支持："你真的觉得很好吗？""没问题吧？""那个，帮我看看吧？"

最后，却往往会责备对方："你真的认真想了吗？""你现在就是不管我了呗？"

也许，正是这些语言和行为导致我们的人际关系出现了裂痕。所以，我们有必要仔细想想，自己是否有过类似的语言和行为。

重新审视自己的语言和行动

抑郁型人的行为模式

① 渴望得到朋友的鼓励

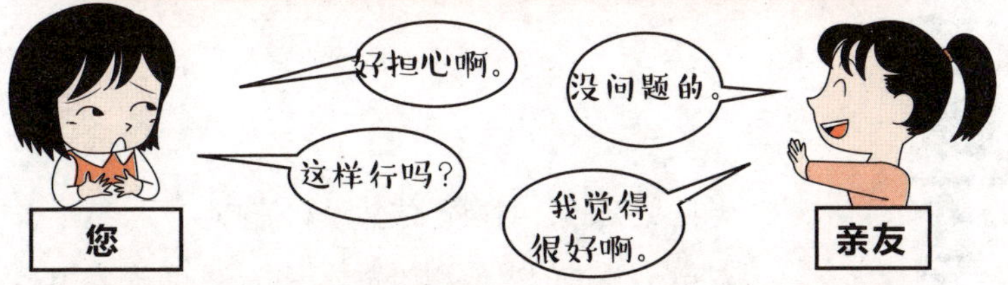

② 又怀疑朋友的话，希望得到更多的鼓励

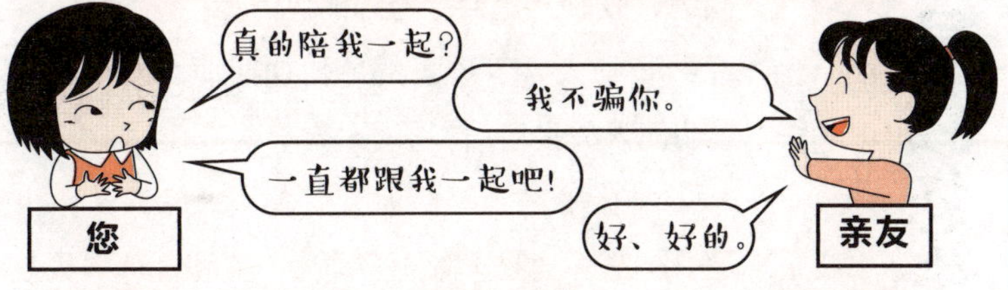

③ 导致朋友厌烦，反而离您而去。

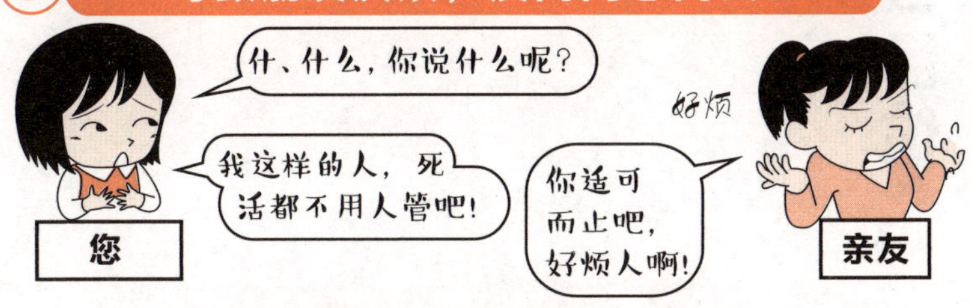

虽然您的心里非常不安，但是，也必须站在对方的角度思考。

睡眠不足会导致您失去自信

无论怎么做，对自己依然没有信心。

对自己做过的事情和该做的事情，总是非常担心。

也许，正是因为睡眠不足，才导致您会这样。

因为，睡眠不足会夺走您的自信。

纽约长岛大学管理系的加拉加斯博士发现：“睡眠不足会使人失去自信。”

不安、自暴自弃、抑郁等情况，大多都是因为睡眠不足引起的。睡眠不足还会加重不安和抑郁的程度，导致人失去自信。

睡眠不足会导致您失去自信

正如俗语所说："孩子在睡眠中成长。"我们必须保证睡眠的时间。

可是，我们生活在繁忙的现代社会，睡眠时间很难保证。

很多年轻人都在为了美好的未来而奋斗，为了工作不惜拿出宝贵的睡眠时间吧？

然而，睡眠不足会影响健康，会加重人的抑郁倾向。希望大家都能重视睡眠问题，确保自己有充足的睡眠时间。

加油！| Fighting!

第5章

如何消除愤怒的情绪？

没有人认可您的努力，您会非常不满吧？

您对别人有好感，但对方却不领情，

您觉得很不公平吧？

其实，我们的愤怒不满，

全部都是因为令人意想不到的理由而生。

我们学学该如何对待这种让人头疼的心情吧！

28 把不满先放在一边

烦躁也只是浪费时间

如果某天，公司突然通知您："你被解雇了！"您会怎么办？

"为什么没解雇他，反而解雇我呢？！"

"我做了这么多贡献，都得不到认可吗？！"

"也不考虑我以后找工作的事，真是个过分的公司啊！"

您不会立即接受这个事实，而是对公司的判断有些不满吧？

可是，如果不能改变这个情况，即使永远对公司不满，也不会给您带来任何好处。

美国路易斯安那州州立大学管理系的内伊萨恩・贝内特博士，对某工厂暂时解雇的 97 位熟练工人进行了采访调查。在 18 个月之后，再次采访了这 97 位工人。

结果，被暂时解雇时对社会抱有敌意的人，在 18 个月后依然没有变化。与之相对，对社会没有敌意的人积极地寻找工作，被暂时解雇时的不满早就烟消云散了。

因为暂时解雇原则上是一段时间的解雇，所以心中不满的工人们很难调整心情，寻找新的工作。

另一方面，积极乐观的工人们则抛开不满，寻找新工作。他们对社会的敌意，也随着他们的行动逐渐消失。

无论您多么愤怒，多么不满，也要先把不满的心情放到一旁。

愤怒的情绪，只要先放在一旁不理，便会逐渐消失。把它交给时间便是最好的处理办法。

总是盯着愤怒的原因，会导致您越来越愤怒，越来越无法控制。

只有自己才能消除自己的不满

OK 把不满扔在一旁

NG 面对不满

想平息自己的怒火，但若一直想着自己的不满，不但不能消除您的愤怒，反而会增加您的愤怒。

29 不要抓住让您发怒的原因不放

愤怒容易升级

无法消除的烦躁心情，很快便会让人越来越焦躁，并带有攻击型。

这种负面的感情会越来越强烈。这种心理现象在心理学中，被称为“愤怒升级”。

我们越是愤怒，愤怒越无法消失，而且还会火上浇油般地突然爆发。

美国加利福尼亚大学的古莱格里・米拉博士，让 41 对夫妇用 15 分钟来谈论二人婚后生活中存在的问题。

结果，所有夫妇都找到了问题，还有些人讽刺挖苦配偶，对配偶表示出敌意。

这样的人越是讽刺配偶，敌视配偶，就越是血压增高，心跳加快，免疫细胞也不断增加。

即使是小小的不满，平时只是发牢骚说“你总是不帮我收拾”，在夫妇二人认真寻找生活中的问题时，愤怒也大幅升级为：“你不仅仅是不帮忙收拾！你从来都不帮忙打扫卫生！上完厕所也不把马桶盖掀起来！真是个过分的丈夫！”

如果您因为某些缘故想要发火时，**也一定不要凝视让您发火的原因。尽快忘掉，才是消除愤怒最好的办法。**

愤怒的升级

Q 夫妻的生活中，有什么问题吗?

Q 有什么问题呢?

Q 那您有什么感觉呢?

愤怒的感情升级

凝视愤怒的原因，
不会带来任何好处。

30 让头部降温

焦躁时，请去凉爽的地方

虽然在现实生活中，我们很少听到这句话，不过我们在看电影、电视剧时，经常会听到这句台词：“让头脑冷静一下！”

这句话是用来劝说那些非常愤怒、需要冷静一下的人，但在现实生活中，我们很少见到那样的人，所以也很少用到这句话。

不过，**在无法控制自己的感情、想要让自己平静下来时，“让头部降温”确实是个有效的办法。**

让火冒三丈的大脑降温，平复激动的情绪，其实是很有道理的。

美国密苏里大学的克雷格·安德森博士把 48 名男学生和 59 名女学生分为两组，让他们分别在温度适宜的房间里和闷热的房间里玩电视游戏。

并且，为了让学生们越玩游戏越烦躁，故意把游戏机控制键中的上下键颠倒。

结果，在闷热的房间里玩游戏的学生中，很多人都非常焦躁，火冒三丈，攻击性提高，并且，比另一组学生中出现同样变化的学生，比例高了 2 成。

闷热的环境让人的感觉变得迟钝，提高了人的对立意识。统计数据表明，夏季的犯罪率高过冬季，越是酷暑，犯罪率越高。

所以，也许是室温导致您的愤怒情绪无法消除，在这种时刻，请赶紧去凉爽的地方，让头脑冷静下来。

您的感情被温度左右

闷热的房间

寒冷的房间

在适宜的温度下，
我们的心情也会舒畅。

31 不要对人倾诉自己的不满

发牢骚，也不会让您心情舒畅

公司的上司带着部下们聚会时，经常会对大家说："今天咱们不分大小，我保证不会生气。你们有什么不满，尽管说出来！"

借着酒劲，部下们的胆子大了起来，平时藏在心底的不满，现在也说了出来。

之后，上司也会满意地说："很好，很好。把不满说出来，心情也会舒畅些。我也知道今后公司有哪些地方需要改进了。"

然而，事实并非如此。

实际上，埋藏在部下们心中的不满并不会消失，反而会因此增加。

美国加利福尼亚大学圣地亚哥校区的艾比·艾伯森博士对此进行了实验。

在某公司解雇了148位工程师时，艾伯森博士对他们进行了采访。采访时，博士让他们自由地发泄自己对公司和上司的不满。美国企业经常会有类似的采访，并把它称为"退场采访"。

结果，在正常方式的采访中，被解雇员工对公司的不满为5.38个，对上司的不满为4.75个。而在采访时让被解雇员工自由地发泄不满时，他们对公司的不满为9.13个，对上司的不满为9个。

也就是说，**越是让被解雇的人说出心中的不满和敌意，越会增加他们的不满和敌意**。

虽然本想消除他们的不满，但反而会增加他们的不满，取得了相反的效果。

我们越是说出自己的不满，越会明确意识到自己的不满。

发牢骚也不能让自己心情舒畅，反而会得到相反的效果。所以，我们不要再发牢骚了。

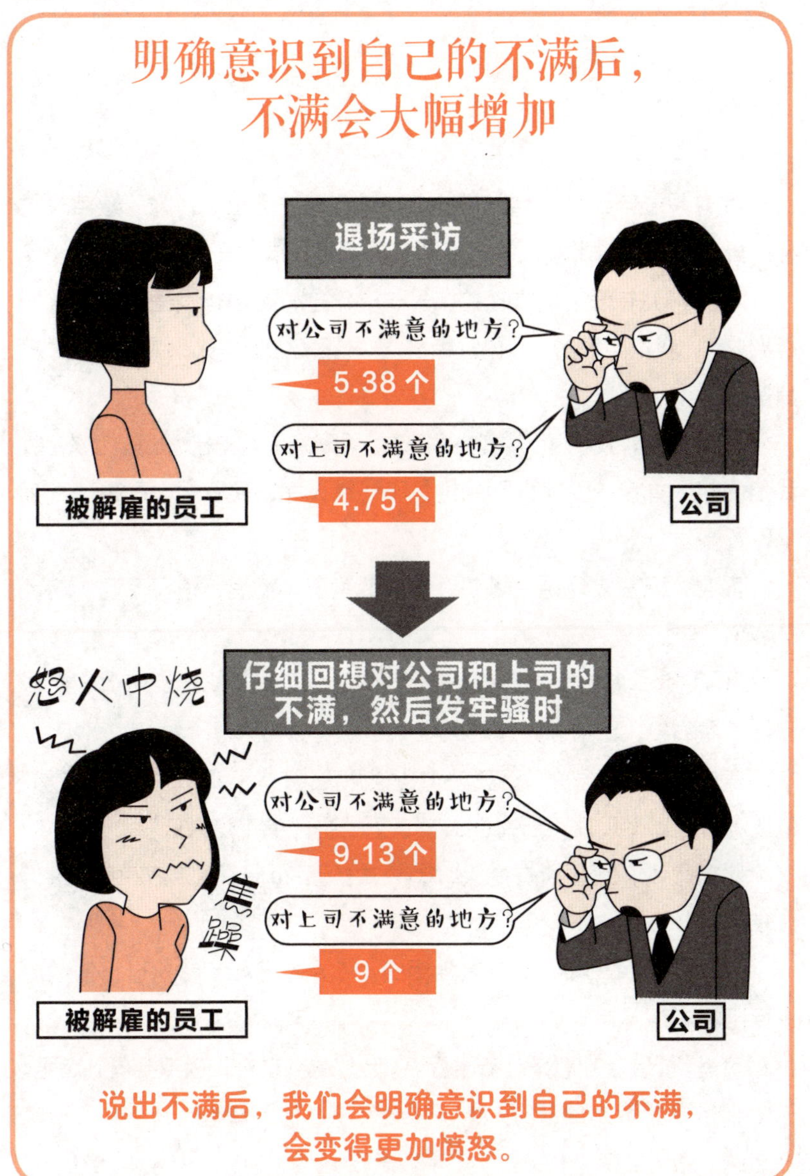

32 不要拿自己和别人做对比

奢望永无止境

拥有超过自己身份和能力的希望被称为“奢望”，为了避免失败和挫折，我们要防患于未然，提醒自己不要抱有“奢望”。

确实，拥有奢望是成功的第一步。但是，奢望也是理想与现实的距离，是让我们实现野心的“食粮”。这个距离让很多人只感觉到了“不满”。

尽管如此，我们却无法停止奢望。看到别人有自己却没有的东西，我们便想拥有它；发现自己的地位不如别人高，便希望自己也达到那个位置。

而且，无法实现这些奢望，会让我们心中不满、愤怒不已。这就是我们人类。

我们的一切都要与别人做对比，眼里也只有比自己幸运的人、比自己优秀的人、比自己强悍的人。

美国密苏里大学的迈克尔·哈里斯博士采访了295位美国人和67位比利时人，发现几乎所有的人都认为“自己的工资太低”。

也就是说，几乎所有的人，都只拿自己和比自己工资高的人进行比较。

我们和他们一样，都有这种倾向：不拿自己和工资比自己低的人进行比较。

可是，即使我们总是盯着上面看，我们的欲望也永远不会得到满足。

偶尔看看不如自己的人，您才会发现自己既幸福又幸运，心中也会充满了感谢之情。

幸福的秘诀

拿自己和比自己强的人进行比较

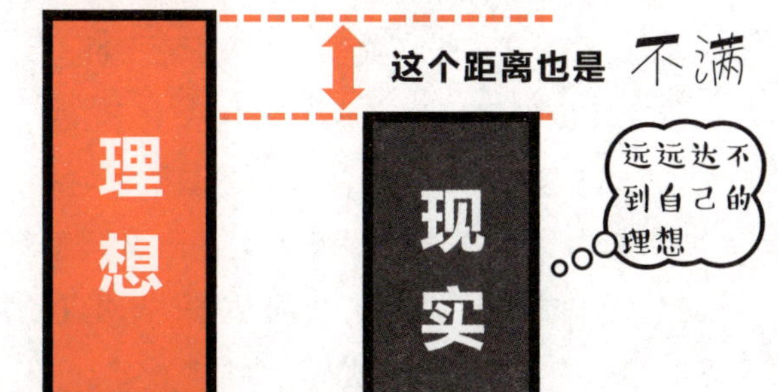

拿自己和不如自己的人进行比较

改变理想的位置,
会让您的幸福感发生 180 度大转变。

33 易怒的人会取得成功

在逆境中茁壮成长

前面说过，很多人都会因为理想和现实的距离，而产生不满。可是，也有很少数的人，能把这个距离当成实现理想的“动力”。

少数人不断给自己制订高远的目标，不断挑战，并且因没有实现目标而愤怒不已，为了实现自己的愿望，积极地继续挑战。

如前所述，对现实的不满会让我们产生愤怒的情绪。

没有实现的理想、愿望，不能忍受别人对自己的评价，这些不满会转变为愤怒的情绪，并在您的心中不断积累。

这种负面的情绪不断积累，到达一定程度时，会突然爆发，为我们带来灾难，所以我们必须及时处理。

其中一个方法就是把愤怒的情绪转变为“动力”。

愤怒的情绪可以刺激男性荷尔蒙的分泌，提高我们的斗志。**在任何困境下，愤怒的情绪都能转化为能量，成为激励自己的动力。**

英国伍尔弗汉普顿大学的安德鲁・莱茵博士以50名大学生为实验对象，进行了运动实验。实验结果表明，越是易怒的人越容易给自己制订较高的目标，越是自信，认为“自己一定行”，成功率也越高。

因此，站在顶峰的人，常常会让我们觉得难以接近、容易愤怒、很可怕。

也许，正是易怒的性格，才让他们取得成功的吧。

愤怒的情绪产生力量

易怒的人有三个倾向

① 设定较高的目标

理想远大才好!

② 有自信

③ 取得成果

终于

实现了!

愤怒的情绪,
会让我们产生力量,帮助我们战胜困难。

在对方发怒时，请不要挑衅对方

愤怒的人容易发狂

我们先看一个心理实验吧。

加拿大不列颠哥伦比亚省西蒙弗雷泽大学的艾霍尔·博雅诺斯基博士在当地警察的帮助下，调查了市民对交通巡逻的态度。

具体方法是，警官让司机停车后，对司机开票处罚时，调查司机对警官表现出的反抗、攻击性、挑衅的态度。一共调查了 133 名司机，其中男性 87 位、女性 46 位。

不过，警察分为两组，一组警察让司机看到自己身上有插着手枪的枪套；另一组警察则用身体挡住枪套，不让司机看到。

结果，越是能清楚地看到枪套的司机，表现出的反抗意识越强烈。

司机们被开了罚单，已经非常愤怒，看到警察身上的枪套，再加上警察威慑的态度，便再也无法控制住自己的愤怒了。

这是因为在司机不满地掏出驾照、强行控制自己的愤怒时，警察的手枪成了导火索，点燃了司机们的怒火。

就这样，**愤怒的人即使没听到任何挑衅的话，一些看似无所谓的东西都能点燃他们愤怒的情绪。**

例如武器和刀具、铅笔等尖锐的物体，都能成为点燃怒火的“扳机”。

因此，如果周围有愤怒的人，一定尽量让他们远离那些会成为“扳机”的物体。利用圆形的物体、曲线柔和的物体，可以让他们逐渐冷静下来。

武器会成为点燃怒火的“扳机”

博雅诺斯基博士的实验

**挑衅愤怒的人,
会大幅增加他的愤怒。**

消除不安的呼吸法

怎么都不能集中精神工作。

明明马上就到了完成工作任务的期限了，却怎么也不想工作。

任何人都会出现这种情况。

此时，我们可以利用改变呼吸的方法，让我们积极起来。

运动心理学权威吉姆·莱亚博士发现，人在没有干劲时，呼吸也很轻松。

因此，**我们可以有意识地反复快速、短促地呼吸。**

这样一来，我们便会提起精神，积极主动地处理各种事务。

在没有工作干劲时，我们可以加速呼吸，先让身体投入工作模式。

与之相反，我们想要放松时，缓慢地深呼吸便能让我们逐渐放松下来。

在非常紧张不安时，我们的呼吸会非常短促。如果一直持续这种状态，我们的身心会越来越紧张。

在这种时候，先缓慢地深呼吸吧。不久，我们的不安也会随之消失。

加油！| Fighting!

第6章

情绪低落消除法：让您心情舒畅

“我不想被人讨厌，希望能跟大家都相处得很好。
可是，那样的话，自己只能不断地忍耐……”
您的很多压力，都是因人际关系而产生。
尽管如此，消除您精神压力的关键
依然在您周围的人际关系中。

35 尽早处理精神压力

丰富生活的内容

人类对精神压力的抵抗力很弱。

无论造成精神压力的原因是什么，我们感觉到精神压力后，免疫系统便会出现问题，同时会引发各种疾病。

并且，我们的心理也会抑郁，失去战胜精神压力的力量。

因此，我们感觉到精神压力时，尽早处理极为重要。甚至可以说，越早处理精神压力，人会越幸福。

例如，在工作单位，某人让您不快，请一定不要把这种心情带到第二天。否则，您会一直有这种痛苦意识："真烦啊，又要见到那个人了。"您也会因此一直心惊胆战、烦躁不安。

感觉到精神压力时，我们一定要尽量当时处理，在后面的章节我会详细地介绍处理方法。

丰富您的生活内容，在此时非常重要。不要让小小的压力对您产生影响，您要保持自己的生活节奏。

澳大利亚阿德莱德大学的心理学家约翰·布莱卜纳博士研究发现，越是生活节奏快的人，幸福感越强烈。生活中非常繁忙、从事多个工作的人中，有 22% 的人都有很强的幸福感。

因此，如果我们感觉到精神压力，千万不要陷入这段痛苦的记忆，被消极的感情纠缠，而是立即去做其他的事。

那样，我们便能快乐地生活，赶走精神压力。总之，不能让精神压力打乱我们日常的生活节奏。

精神压力会越来越大

我们各有不同的消除精神压力的方法，
重要的是尽早处理。

坚信“自己能赶走忐忑不安的心情”

您的性格可以改变

在前面的章节，我们说过：“不要陷入精神压力，要尽早处理精神压力。”

可是，还是有人无法应付精神压力，无法摆脱消极的感情。

正因为如此，他们才更要看看本书。

那种抑郁型的人会有以下的想法，这也是他们的特征之一：

“这个麻烦的情况，永远也解决不了吧。”

“我一生都无法摆脱这种烦恼吧。”

“我无论怎么做，都无法改变这种悲观的性格吧。”

然后，**抑郁型的人会因为“无计可施”而绝望，不安全感因而深藏在潜意识中，最终真的无法消除了**。

可是，如果选择放弃，您的性格永远无法改变。

因此，请您再次相信：

“我的性格可以改变。”

“这样的烦恼和不安，不会一直持续下去的。”

“这种状况马上就会改变了。”

美国宾夕法尼亚库茨城大学的心理学家伊曼纽尔·阿基里斯博士采访了多名无视他人、自己不主动跟人交流、对人际关系的不安全感强烈的人，询问他们是否认为自己的性格无法改变。

结果表明，越是认为“自己的性格无法改变”的人，对人的不安全感越强烈。

换句话说，就是“相信不安全感很快就会消失”的人，对人的不安全感真的会消失。

即使没有自信，也请先相信自己一次。这也是消除不安感的第一步。

倾听自己内心深处反驳自己的声音

自己激励自己

如果您想要改变自己的性格，我有一个心理学的方法推荐给您，那就是**自己跟自己对话，自己激励自己。在心理学中，把这种方法称为“内部言语”。**

“我不能就这么认输！”

“我还没有全力以赴呢！”

自己激励自己得到的效果，和被别人鼓励得到的效果相同。

澳大利亚塔斯马尼亚大学的心理学家泰德·托恩普森博士的研究小组，研究了“反驳思考”的效果。

他们首先选择了32位被心理学测试诊断为“焦虑、悲观主义”的人，然后对他们进行了4个星期的“反驳思考”训练。

例如，对自己的身体健康非常担心的人，一旦想到自己的健康问题，便让他自己反驳自己：“没关系的。我定期体检，也经常运动，身体肯定没问题！”

“反驳思考”最重要的是，用“事实”反驳“模糊不清的”“没有根据”的担心。

结果，4个星期后，学会了反驳思考的人，性格变得积极乐观了。

如果有事让您觉得担心或不安，请您不要抓着这件事不放，而是去寻找能反驳它的事实。

“其实我是误会了，所以才会因此担心吧？那样的瞎担心纯粹是被害妄想，事实根本不是那样！”

用您心中反驳的声音和自我激励，来驱散您的烦恼和不安吧。

利用自我激励的办法，纠正扭曲的思想

消极的思想

1 自我否定	我不行。	失去自信
	我没能力。	不相信自己
	全是我的错。	过度地自责
2 否定社会	这个社会不公平。	绝望感
	人都会说谎，不能信任。	不相信别人
	谁也不能理解自己。	对周围的人不满
3 否定未来	反正也是白忙活，肯定会失败。	失去希望
	肯定又没好事儿。	悲观主义
	反正也不会有什么改变。	自暴自弃

验证一下消极想法的根据

是不是把“事实”和“自己的想法”混淆了？

自己的想法真的一定会实现吗？

如果让别人站在自己的角度上，他也会这么想吗？

是不是自己太武断了，毫无根据地认为“只能这样了”？

是不是自己太担心别人的感觉了？

是不是自己过于自责了？

否定的思考对自己有好处吗？
消极的想法也许是错误的，而且毫无根据。

38 找人聊聊天

与人交流能让您心情舒畅

如果您想摆脱烦恼、焦躁、愤怒等消极情绪，那就跟人交流吧。

不过，这并非是跟人发牢骚，发泄不满。

您跟人聊天时，没有固定的特指的内容，而是说什么都好，总之，就是享受聊天的乐趣。

令人不可思议的是，**仅仅是这样聊聊天，您一直无法摆脱的消极情绪便会瞬间烟消云散，心情也会舒畅起来。**

下面，介绍一下美国佛罗里达州爱迪生交流学院的迈克尔·福代斯博士提出的“幸福计划”。

这个计划由 9 个提高人类幸福感的基本要素组成。

①和别人交流

②成为社交家

③成为行动派

④不要奢望

⑤乐观

⑥有计划

⑦不要杞人忧天

⑧制订现实的目标

⑨有幸福的价值观（重视自我）

博士让 202 名 17 ~ 50 岁有抑郁倾向的人参加了这个实验计划。2 周后，9 成的人都有了好转。

其中，最值得我们重视的是①与人交流。作者认为，这是最简单的方法，也是最有效果的方法。

我们首先要把心中的苦恼说出来。仅仅是让苦恼表面化，我们便会心情舒畅起来。

聊天是最好的特效药

消除精神压力的方法 TOP10

第一位	与人交流
第二位	运动
第三位	减少工作
第四位	散步
第五位	对工作以外的事感兴趣
第六位	种花、听音乐
第七位	限制自己只做应该做的工作
第八位	睡眠
第九位	辞职
第十位	制订新的工作计划

这个顺序是以荷兰 1.5 万名职工为对象，调查得出的结果。

39 和别人分享您的感情

有人倾听我们的心声，我们便会非常开心

心理咨询的工作就是倾听来访者的心声，而不是为对方提出建议、与对方辩论，只是侧耳倾听来访者谈话的内容，接受对方的心声。

可是，这样便能和来访者分享他的烦恼，来访者也会因此放下心里的包袱，变得心情舒畅了。这就是心理咨询。

因此，**我们只是和别人对话、交流就可以了，不必解决什么，不必让对方帮我们做出什么判断。**

我们只要把自己心中的苦恼说出来，有人倾听，就能得到良好的效果。

通过交流，我们会觉得对方在分享自己的感情，心情也会因此放松下来。

挪威科学技术大学心理系的阿恩·维卡恩博士通过对 418 名挪威人和 401 名巴西人的调查发现，处理愤怒、不安及哀伤等情绪最有效的办法就是："和别人交流"。

第二有效的办法是"做出一些实际行动"。"求神拜佛""控制自己的感情""自己奖励自己"等方法都没有效果。

如果您有一些让您担心的事情或者不安，那就跟人交流一下吧。与人交流会引发心理学中所说的"感情净化"。也就是说，通过向外部发泄压抑的感情，消除内心的紧张和不安。

如果找不到可以交流的人，那就写写博客吧，那样也能得到良好的效果。

总之，找人倾听您的心声

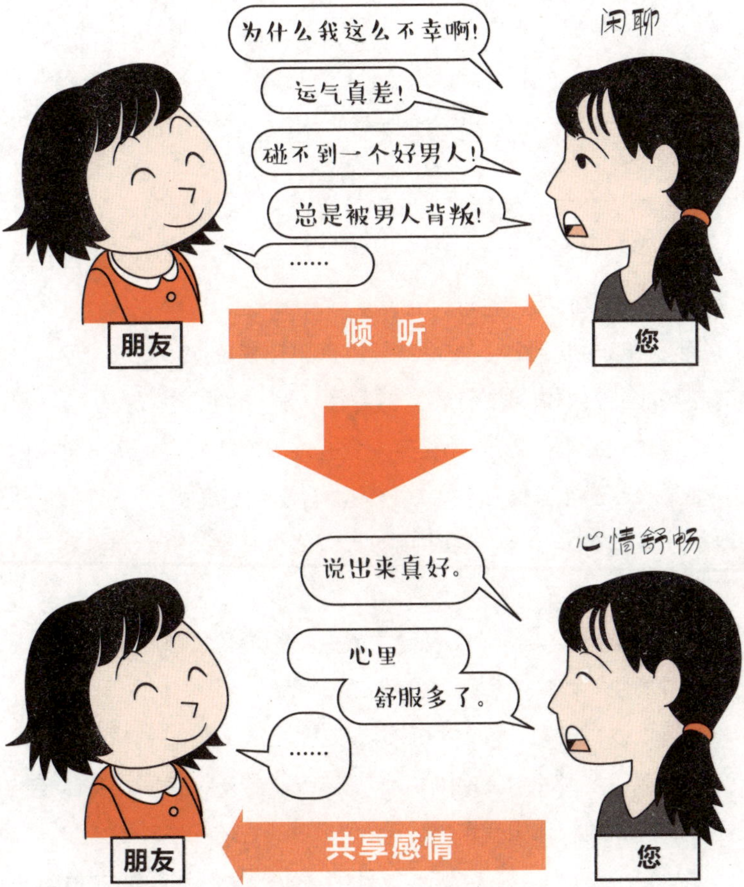

闲聊

为什么我这么不幸啊！

运气真差！

碰不到一个好男人！

总是被男人背叛！

……

朋友

倾听

您

心情舒畅

说出来真好。

心里舒服多了。

……

朋友

共享感情

您

如果对方倾听您的心声，您也要倾听对方的心声。单方向地交流，对对方来说很不礼貌。

40 与对方拉手

适当的身体接触有良好的效果

在这个国际化的时代，我们因为工作或旅行，接触到欧美人的机会越来越多。

我注意到欧美人之间的身体接触很多。

见面时握手是欧美人的基本原则；女性之间或者是关系亲密的男女朋友之间，见面接吻也非常正常。

而日本人在见面时，握手都要犹豫，只是说些场面话，尽量避免身体接触。让日本人接受欧美人的习惯，是一件很不容易的事。

日本人的这种态度会让欧美人觉得冷漠。即使是关系很亲密的朋友，如果极度避免身体接触，心理上便会产生距离感。

从心理学的角度看，**身体接触可以缩短心理距离，是提高亲密度最有效的手段**。

母亲抱着孩子，孩子便会非常放心。同事把手放在您的肩膀上，说一句“加油”，也能燃起您的斗志。

适当的身体接触，能培养感情、产生温情。

美国康涅狄格大学的谢丽尔·霍洽博士的研究表明，身体接触对改善不安的心理状态很有帮助。

博士的一个实验对此做出了证明。博士随机选择了 48 位非急诊手术的患者，让护士在对患者进行手术说明时，握着患者的手。结果发现，这种适当的身体接触，不但可以消除患者对手术的不安，连患者住院时的不快都消失了。

因此，在您感到不安时，请勇敢地握住别人的手吧。

适当的身体接触可以温暖我们的心灵，让我们产生勇气，减轻我们的不安全感。

41 坚强心灵的锻炼方法

运动可以让您的内心越来越坚强

在我们的印象中，喜欢运动的人都是开朗、活泼、健康、豁达的人。

不爱运动的人，在我们的印象中则是内向、阴暗、犹豫不决的人。

这是因为开朗的人才会喜爱运动，阴暗的人对运动不感兴趣吗?

下面我们来看一组很有趣的实验数据吧。

美国得克萨斯州贝勒大学健康科学系的罗德尼·鲍登博士做了下面的实验。

博士以315名大学生为实验对象，调查了他们对“自己在别人眼中形象”的不安程度。并且让学生们从慢跑、网球、羽毛球等运动项目中任选其一，分别在8周后和16周后对学生们再次进行调查。

结果，8周后，学生们的不安度从36.3降低到了35.4，16周后下降到了31.8（最高为60）。

也就是说，这个实验结果表明，运动可以降低人的不安感，提高人的自尊心。

因此，**不安全感强烈并非是性格问题，而是因为没有用实际行动降低不安全感**。

前面的实验表明，学生们因为没有做运动，所以性格比较阴暗。

如果您有强烈的不安全感，或者是非常烦恼，那么就先运动一下吧。

运动会让血液流通到身体的每个部分，使身体分泌肾上腺素，减弱我们的不安和烦恼。

不运动

逆境下容易认输

血液循环不畅

不锻炼身体

逐渐失去自信

不安感强烈

定期运动

逆境下也不会认输

血液循环流畅

锻炼身体

建立自信

不安感消失了

**运动得汗流浃背，
可以在一段时间内消除您的消极情绪。**

42 化不安为喜悦

产生成就感的原因

法国北部兰斯大学的法比安·罗格朗博士在游乐园对48位游客进行调查，研究他们在乘坐过山车前和后的心理变化。

结果表明，越是在乘坐过山车前紧张不安的游客，下了过山车以后越是兴奋。

这说明**我们越是在事前觉得不安，在事后的快感越强烈，也越快乐越兴奋。**

消极的感情转变为积极的感情的心理现象，在心理学中被称为“逆转理论”。

您也应该有过这种经历。

学生时代的作文演讲比赛赛前，您没有自信，担心自己能否表现出色；比赛之后，您则会得到无法用言语形容的爽快感觉和满足感。

决定向女朋友求婚后，您没有自信，不知道女朋友能否答应。尽管如此，您依然决定向她求婚，并且成功了。那时您一定得到了无以伦比的感动。

如果没有任何不安和担心，那么您还会珍惜您得到的幸福吗？您还会有满足感吗？

如果我们事先有绝对的自信，事后也没有什么成就感，认为一切都是理所应当，那么很快就会忘掉。

也就是说，我们在人生中得到的幸福、快乐、成就感、满足感，都是对我们事先的不安、担心、辛苦、努力的奖励。

这样想的话，也许您的不安正是为了让您得到幸福的里程碑。

战胜逆境后，会非常感动

100% 自信的求婚

没有感动

0% 自信的求婚

可以品味到成就感、快乐和幸福感

请想象一下，
在逆境前方，等待您的是什么？

43 打个哈欠吧

自己消除紧张感

在大家面前演讲、面试时，您会怎样缓解高度紧张的精神呢?

“在掌心写个‘人’字，然后做出吞下去的动作，反复三次”，这是众所周知的方法。很久以前，演员在登台演出前，为了缓解自己的紧张不安，发明了这种“吞人”的“咒语”。

其实，这个方法是科学的，确实可以缓解我们的紧张不安。另外，“吞掉人字”的行为和打哈欠的行为能得到相同的效果。

科学实验证明，我们在精神过度紧张的状态下，经常会做出打哈欠的动作。打哈欠可以缓解紧张的精神，促进大脑的活动。

纽约州州立大学的马文·弗里德金博士把演讲前紧张不安的27名男女分成了两组，进行了连续5周的科学实验。

博士让第一组人接受专业的放松训练；让第二组人在日常生活中，觉得紧张便自己进行放松。

5周后，追踪调查结果表明，第二组人的紧张不安程度远低于第一组人。

也就是说，我们可以依靠自己的意志，消除由不安而产生的紧张感，可以通过放松消除自己的不安全感。

我们在紧张时，身体会变得僵硬，并因此更加不安。

当您觉得紧张不安时，请打个哈欠吧。打哈欠可以放松僵硬的身体，促进大脑活动，心理的紧张不安也会随之消失。

即使只是做出打哈欠的样子，同时伸展身体和四肢，也有消除紧张不安的效果。

消除紧张不安的“打哈欠”伸展运动

“打哈欠的作用”：

刚刚睡醒时，容易打哈欠。

早晨的哈欠，诱使我们的身体苏醒。

晚上的哈欠，提醒我们该休息了。

同样，有精神压力、过度紧张时打哈欠，

可以缓解紧张的精神，促进大脑的活动。

（参考：《日经健康》2011年12月号）

我们随时随地都能主动地进行这种伸展运动

缩短感受到精神压力的时间

如果您在工作中，出现了重大的错误，您打算什么时候向上司汇报？

如果您背着爱人跟其他异性见面，您打算什么时候向爱人坦白？

另外，假设有一个秘密不能向任何人坦白，只有您一个人知道，保守这个秘密产生的精神压力，您能忍受多久？

美国宾夕法尼亚州巴克内尔大学的布塔赛克博士调查了 62 名平均年龄为 40 岁的兽医，得到了非常有趣的数据。

缩短感受到精神压力的时间

博士调查了兽医在把“宠物死了”的坏消息通知宠物主人时，所感受到的精神压力。

调查结果表明，越是把通知的时间拖后，兽医感觉到的精神压力越大。其中有 7 成的兽医回答：“精神压力非常大。”

也就是说，**保守一个必须公开的秘密，时间越长，人的精神压力越大**。

秘密是产生精神压力的根源。

如果是必须通知对方、必须坦白的事情，还是尽快坦诚相告为好，那样我们的心理会更轻松。

加油！| Fighting!

不要自暴自弃

我们都曾经失败过，也曾经遭遇过挫折。

并且，我们在沮丧时，

都会在一段时间内失去自信。

不过，对我们来说，

重新振作起来、再次挑战才是最重要的事。

我们怎样才能找回失去的自信呢？

找回自信的窍门就在心理学中。

44 不看自己的缺点

不再为自己辩解

“别人一说我，我便立即消沉了。”

“明明我很想说，却怎么也说不出来，我很讨厌这样的自己。”

意识到自己有这些缺点的人，都很想改正这些缺点，让自己脱胎换骨。

可是，现实却非常奇妙，意识到自己思想消极的人，自己指出、强调自己的缺点，反而会更加难以改变。

这是因为他们其实是想再次确认自己的意识和感觉吧。消极的人总是希望找到一些事实，用于证明自己消极。

实验结果对此做出了证明。

美国休斯敦贝勒医学院的布莱恩·基斯拉博士以 73 位抑郁型的人和自尊心强烈的人为对象，调查了他们渴望了解“对自己非善意信息”的比例。

结果，得到了以下的比例：

·自尊心强烈的人——25%（20 人）

·不是抑郁型，但自尊心低下的人——64%（25 人）

·抑郁型的人——82%（28 人）

越是抑郁型的人，越渴望知道那些对自己不利的信息。

也就是说，抑郁型的人自己把自己逼上绝路。

认为“自己不行”“我做不到”“我无法改变”的人，通过对此再度确认，找到支持自己无法改变的证据。

我们首先应该重新认识一下自己。看看自己是否是为了保持形象，才把自己的缺点当作优点，不接受任何反对意见。

您是否只是在自我辩护？

想确认自己的缺点

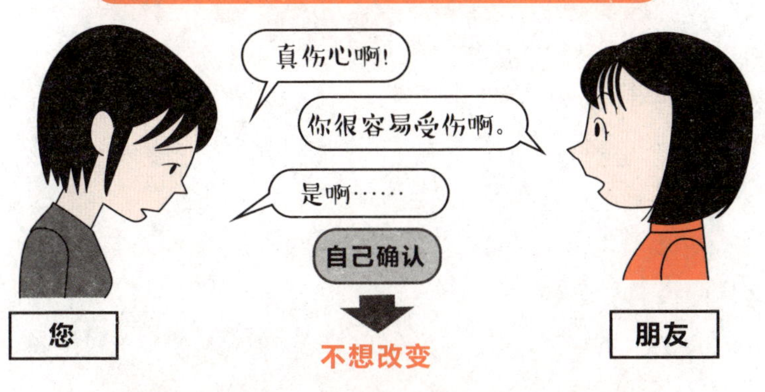

不听反对的意见

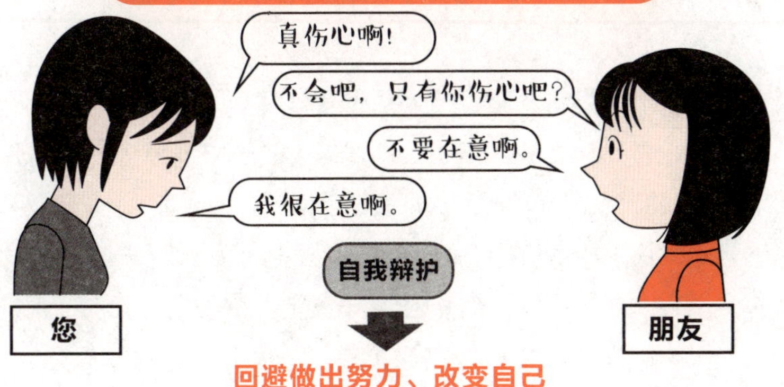

只盯着自己的缺点看，反而没有改正的余地了

45 忘记自己想要遗忘的过去

在忘记的过程中建立自信

在我们漫长的人生中，有失败，有挫折，有耻辱，有过错，还有很多“无法挽回”的懊悔和绝望。

如果总是后悔，我们会失去继续前进的力量，失去自信，到处碰壁。

在这种情况下，请想起这句话：

“只有不怕重大失败的人，才能成就伟业！”（美国第35任总统约翰·J. 肯尼迪）

您遭遇到的挫折，在将来一定会对您有帮助。您的失败是成功不可或缺的经验。

因此，**请不要在意过去的失败。如果有想要遗忘的过去，就尽快忘掉它。**

然后，开始新的人生。人的一生不会永远不变，人是可以改变的，而且，只要您想改变，您的人生就会改变。

英国伦敦大学社会政策系的巴尼斯·安德鲁斯博士，对102名32～56岁的女性进行了长达7年的追踪调查。

结果发现，原本自尊心低下、抑郁型的人为79%；7年后，减少为4%。为什么会出现如此大的心理变化呢?

成长（随着年龄的增加，有了自信）、社会经验（工作、结婚、生孩子等，让人变得积极了）都是让人变化的原因。

人生中的经历，会让我们的自尊心发生很大的变化。我们不会一生都保持年轻，也不会一生都不成熟。

无论您多么遗憾惋惜，拥有多么后悔的回忆，在漫长的人生中，都只是小小的后悔而已。

长远地看，我们都在逐渐改变。忘掉自己想遗忘的过去，相信未来的自己。

46 注重自己的服装和外表

打扮漂亮会增加我们的自信

本章主要为大家介绍如何建立自信、如何树立自尊心的心理方法。本节则为大家介绍一个让人意想不到的方法。

那就是“注重自己的外表”。这个办法适用于所有人，而且可以立即让人发生变化。

美国韦恩州州立大学的杰弗里·马丁博士，对 98 名 18 ~ 40 岁的男性进行了调查，得到了有趣的调查结果。

调查结果表明，越是注重自己的服装和外表的人，社会性身体不安和视线恐惧倾向越低。

也就是说，**注重自己的外表，便不会在意别人对自己的看法和想法。**

与之相反，越是不注重自己的外表的人，越会担心别人对自己的看法和想法，越对自己的外表没有信心。

所以，对自己的外表没有信心，其实是因为自己懒惰、不注重外表。

如果您想建立起自信的话，那请您一定要注重自己的外表，努力打扮自己，女性的话，还要化妆。

不努力打扮自己的人，反而会有自卑感，逐渐失去对自己外表的自信心。

另一方面，在服装上下血本、注意皮肤护理、注重服装搭配的人，对自己的外表的投资也一定能得到回报。

这份回报便是认为自己不会丢人、充满魅力的“自信”。

您注重自己的外表吗?

人们会根据别人的外表做出判断

只是努力地打扮自己，便会建立起自信

47 打扮与自我评价上升

穿更加正式的服装

前面说了，注重外表的人更有自信。

下面，我再为大家介绍一下，**穿更加正式的服装、礼服，会让人产生强烈的自信，**产生“让自己适合服装”的心理。

德国柏林工业大学的贝提娜•哈诺发博士让60名大学生(男15人，女45人)做证人，向警察作证。

并且，博士把学生们分成两组，一组学生在作证时穿正装，另一组学生在作证时穿休闲的服装。

结果，学生们的衣着越为正式，在作证时使用的词句越标准、语速越快，并且，在证词中对自己的评价也很高。

学生们为了让自己配得上身上的服装，努力地表现。而且，学生们除了努力之外，还建立起了自信。服装的效果真是不能小看。

服装对人还有其他的影响。

美国密苏里大学的杰伊·休伊特博士，让男性女性各22人对某海军中士（以下暂称为G中士）的照片进行评价；并且，让G中士穿4套服装分别拍了照片。

结果，虽然大家知道照片中的人都是G中士，但还是觉得G中士的正装照最有魅力。（参照下页图）

这种越是穿正式的服装，越会让人觉得自己有魅力的心理现象，在心理学中称为“服装效果”。

如果您想建立自信，让人觉得您有魅力，最好的办法就是化妆后穿正装。

仅仅是服装，便会改变人的魅力值

休伊特博士的实验

G中士	感觉到的魅力	
	男性被实验者	女性被实验者
军服	3.73	3.50
西装	3.05	3.23
运动衫	2.23	2.05
衬衫	1.05	1.23

（满分为4分）

正式的服装让人觉得更有魅力，
这种“服装效果”是男女都有的心理现象。

48 变得自恋起来

为了保持身心健康

“自恋”是自我陶醉的行为或习惯。

自恋的人自命不凡、过度自信、对着镜子中的自己目不转睛，当然会被周围的人敬而远之，不受大家欢迎。

可是，在心理学上，自恋的人非常受欢迎。

英国南安普顿大学的克斯坦丁・赛迪基迪斯博士让 149 名大学生做了“自恋测试”，调查了他们的自恋度，也就是调查了有自信的学生们的相同特征。

结果发现，学生们的自信对他们的身心健康有好处。

好处有以下 5 点：

- 减少每天的悲伤和抑郁
- 减少每天的孤独感
- 减少每天的不安
- 减少每天的神经质倾向
- 提高每天的主观健康度

也就是说，**自恋可以保持平静的心情，保持身心健康。**

对自己有自信、爱自己，绝对不是坏事。

反之，非常厌恶自己、自卑的人因为认为自己没有价值，做任何事都是悲观的态度，身心也容易不健康。

虽然我们不必过于自恋，但是，自己爱自己，也是幸福人生中不可或缺的一环。

检查您的自恋度

自恋测试

【二选一】请选择适合自己的答案

1	A：我能影响周围的人。	
	B：我不善于影响周围的人。	
2	A：我觉得自己绝不是保守的人。	
	B：我原本就是保守的人。	
3	A：我希望别人认为我是强大的人。	
	B：我不愿意别人认为我是强大的人。	
4	A：我一定会成功。	
	B：我不关心自己能否成功。	
5	A：我能清楚地表达出自己的意见。	
	B：我很想成为有主见的人。	
6	A：我接触到的所有人，都能自然而然地喜欢我。	
	B：有很多人对我有好感。	
7	A：我觉得自己能觉察到对方的感情变化。	
	B：我有时感觉不到对方的感情变化。	
8	A：我喜欢看自己的身体。	
	B：我觉得自己的身体没有什么值得骄傲的地方。	
9	A：我的身心都非常健康。	
	B：我有时觉得身体不适。	
10	A：我喜欢照镜子。	
	B：我很少照镜子。	

如果您选择了6个以上的A，那么您就是自恋的人！

49 坠入爱河

坠入爱河会建立自信

“虽然我很努力，希望大家能认可我，可惜却事与愿违。”

“提出一个有趣的话题，想让气氛热烈起来，却只是白忙一场。”

“以后也一定没人认可我！”

“是我自己没实力，做什么都是白费力气。”

有人因为力量不足，失去了对未来的梦想和期待。

例如，找工作费尽力气的学生们。

这也是受最近几年经济不景气的影响吧。用人单位招聘的职位很少，据说学生们跑 100 家公司，最多也只能被 1 家聘用。

在这样的情况下，学生们自然会对未来失去希望，逐渐陷入绝望。

明明拼命地努力了，却得不到任何人的认可，自然会失去自信，变得悲观起来。

在这样艰苦的情况下，我们怎么办才好呢?

有没有让人重新振作起来的办法呢?

其实，有一个办法。

那就是坠入爱河。

有了恋人，会让您安心。在困境时，恋人可以倾听您的烦恼，跟您共同承担；并且，恋人还能握着您的手鼓励您，成为您最有力的支持者。

加拿大的圣詹姆斯大学的克里斯托弗·巴里斯博士的调查研究表明，有恋人的人不安全感低下。（见下页图）

因此，陷入未来无望的困境时，在绝望前先坠入爱河吧。

爱情会成为您的动力，让您恢复自信，积极乐观地对待任何问题。

恋人是自己的分身

巴里斯博士的调查研究

大学生	有恋人的人（116 人）	没有恋人的人（179 人）
就算自己死了，灵魂也在恋人身上继续生存（精神存在）	有这种想法	没有这种想法
不安全感（满分 7 分）	3.45 分	3.70 分

有恋人的优点

因为有爱情，所以内心平静

孤独感消失了，有连带感

永远有人支持，所以内心坚强

可以对人倾诉烦恼

有人倾听自己的烦恼

可以握着对方的手，跟对方分享自己的感情

有人认可自己

巴里斯博士的调查结果表明，我们会把恋人看作自己的分身，有“自我扩张”的倾向。

50 接近性格开朗的人

与性格阴暗的人保持距离

您是性格开朗的人吗?

还是，您认为自己是性格阴暗的人?

如果您是性格开朗的人，我可以想象出，在您周围的朋友，也都是性格开朗的人。

同样，如果您是性格阴暗的人，跟您亲近的人也有相同的倾向吧。

正如俗语“物以类聚，人以群分”所说，有相似倾向的人会自然而然地聚集到一起。

所以，如果您“想要改变容易消极的软弱性格”，或者“想成为更积极乐观的人”，那么，也许您应该先改变自己周围的环境。

没错，**就是和性格阴暗的人保持距离，接近那些积极乐观坚强的人。**

得克萨斯大学的托马斯·乔纳斯博士对 224 名住学生宿舍的学生进行了调查。调查结果表明，住在同一个宿舍的两名学生，容易变得性格相似。

这在心理学中，被称为“感情感染效果”。

改变自己的性格并非易事。性格阴暗的人模仿性格开朗的人，也仅仅是模仿，不会真正地发生改变。

尽管如此，如果性格阴暗的人接近性格开朗的人，也会受到影响。他们可以听到积极乐观的对话，参加积极的活动。

这样的气氛会让人受到感染，性格一点点地变得开朗起来。

虽然并非是让您“选择朋友”，但是，认识到自己的性格会受到朋友影响，这一点也极为重要。

受到气氛的影响

我们会被周围的人和气氛影响，并与之同步。

51 自己的事情自己做

为了恢复自信

我们在遭遇重大挫折、对自己失去自信后，很难再振奋起来。

“以前太努力了，现在好好休息一下吧。”

“在心灵的伤口愈合前，一直依赖别人吧。”

有这种想法，休息一时也很好。我们为了卷土重来，必须先养精蓄锐。

不过，请不要就这样消沉下去。

自暴自弃、宅在屋里、总是依赖父母、借酒消愁、不在意自己的服饰，这些都是消沉的危险信号。

纽约某 NPO 团体（非营利组织）国际灯塔的调查组通过调查，得到了一个非常有趣的结果。

这次调查以 570 位在养老院被护士精心照料、生活不能自理的 80 岁以上老人为调查对象。

调查组为了降低高死亡率，鼓励老人们自己做自己的事情。结果，老人们真的发生了变化，死亡率也下降了。

靠别人照顾，老人们的生命力也会减弱；自己照顾自己，会增加老人们的生命力，也就是精力。

如果认为自己什么都干不了，只能被别人照顾才行，我们会变得抑郁起来。

我们会品味到连自己的事情都做不了的无奈，逐渐失去精力，消沉下去。

因此，**无论是在多么艰苦的状况下，我们都必须自己照顾自己。**

从最小的事情开始，一点点努力！

不要陷入消极的恶性循环

试着改变无法收拾的现状

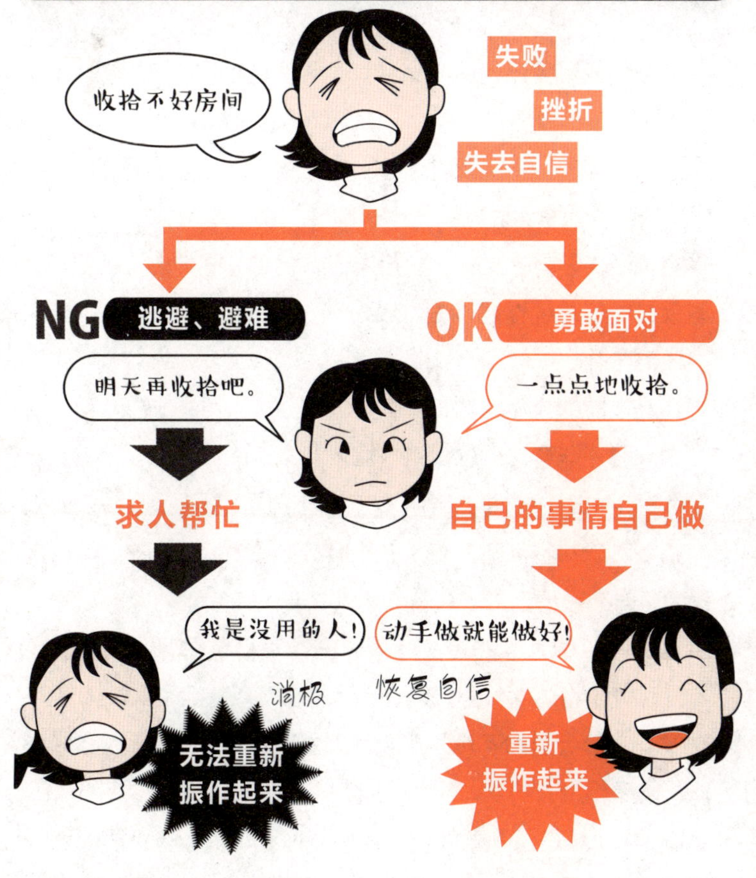

如果我们偷懒，不自己做好收拾、扫除等身边的小事，人也会变得越来越没用。

52 认为“现在最好！”

“过去多好啊”是禁语

无论是同事聚会还是同学聚会，您都会碰到喝点儿酒就不断发牢骚的人吧?

请您现在回想一下，那种人令您不快的地方吧。再回想一下，您最不想听他们说什么话呢?

其实，爱发牢骚的人有一个相同点，他们有同样的说话习惯。

那就是他们总是提起过去，说一些“过去多好啊”“以前可不是这样”之类的话:

“还是以前的公司给的工资高。”

“以前我还能穿这个款式的衣服。”

“我过生日时，以前的男朋友带我吃法国大餐呢！”

他们都对现状不满吧? 可是，他们却不说今后怎么办，不谈未来，总是说起不知真假的过去。

英国谢菲尔德大学的古拉哈姆·布拉克博士对50名流浪者（平均流浪时间为57.4个月）和50名纯粹的步行者进行了比较调查。

结果，流浪者当然不满足于现状，抑郁程度高，但是他们都志在过去，总是提起过去的事。

也就是说，总是说“过去多好啊”的人，和流浪者有相同的意向性。

如果您不满足于现状，那么请您不要提起过去，而是谈论未来。**只是谈论未来，便能让您的心情发生改变，并且志在未来。**

而且，如果您能认为“现在最好”，那么一定会有很多人愿意听您讲话。

志在过去的人令人厌恶

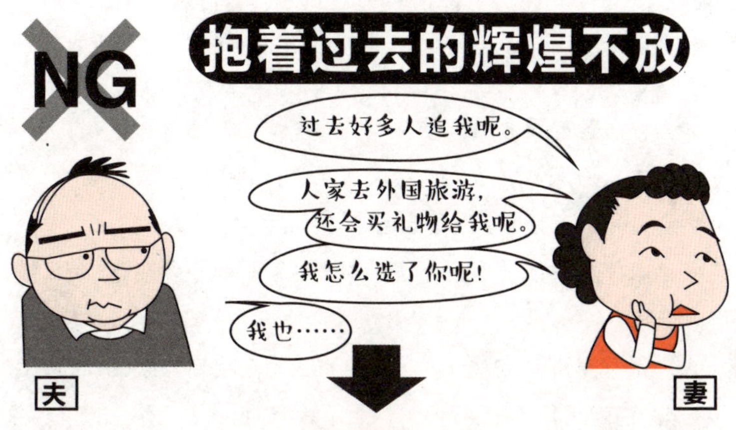

都不想听对方的话

说得起劲

因为志在过去的人容易抑郁，所以还是把目光放在未来吧。

53 不要在意别人对您的评价

对自己不要过于期待

人为什么容易灰心沮丧呢?

正因为灰心沮丧，我们才会失去自信。如果不会灰心沮丧，那我们也不会消沉了，更不会厌恶自己了。

那么，怎样才能让自己不灰心沮丧呢? 那就不要在意别人对您的评价。

人总是在意别人的眼光，为了让别人对自己有较高的评价，或者为了让自己符合别人的高度评价，而不断努力。

结果，**人们会把别人对自己的高度评价当作努力得到的回报、成果，非常期待。而这份“期待”则只能给自己施加精神压力。**

而且，在运气不好时，努力之后也得不到别人的高度评价，人们就会对自己失望、灰心沮丧。

美国拉文大学的心理学专家布伊让学生们交一份报告:“分析私立大学和公立大学各自的优缺点。”

同时，告诉一半的学生:“在交报告之后，还要在高中生面前朗读。”以被别人评价的方式对这部分学生们施加精神压力。

之后，又统计了学生们交报告的时间。结果发现，没有被施加精神压力的学生，平均用 9.92 天便完成了报告;而被施加精神压力的那一半学生，平均用 15.83 天才完成报告。

学生们因为报告未来要被别人评价，而产生了精神压力，同时，为了得到高度评价，学生们花费了更长的时间写报告。学生们正是因为期待自己能够得到别人的高度评价，而付出努力。

不在意别人评价的学生，则不会产生精神压力，很快便完成了作业。

治愈系心理学

成为乐观的人

如果您想改变自己总是发愁的性格，请一定要以“成为乐观的人”为目标。

坚强的人、善良的人、细心的人都不是您的目标。

您的目标应该是成为乐观的人！

美国辛辛那提大学的心理学专家瓦恩达莱伊博士，以48位男性管理者（平均年龄为47岁）为调查对象，对以下问题进行了调查：

· 什么样的人更有创造性？

· 什么样的人能成为领导？

· 什么样的人擅长指挥部下？

结果发现，这3个问题的答案中，都有“乐观的人”。

成为乐观的人

只看到事物好的方面，遇事乐观，总是认为“怎么了？没关系”的人，有创造性，适合当领导，是可靠的上司。

反之，最不适合当领导、没有创造力、不可靠的人，则是“悲观的人”。

他们只看到事物不好的一面，遇事悲观，总是认为“无论怎么做，也不会成功”，失去了应有的希望，故意让自己陷入绝望。

总之，只要您以“成为乐观的人”为目标，其他的问题都会随之解决。

加油！| Fighting!

第8章

战胜一切困境、成功逆袭的心理秘诀

在漫长的人生中，我们总会遇到各种挫折和失败，
还会遇到一些令人愤怒的事，
或者是令人伤心不已的事。
我们一定要掌握战胜困境的力量
——在任何困境下，都不迷失自我，
具备勇于拼搏的坚强意志，
积极乐观地享受人生。

54 不要写在日记里

不让自己想起痛苦的回忆

您记日记吗?

如果您写日记的话，应该偶尔会看看自己以前的日记吧。

“啊，还有这件事儿呢……”

“真是让人怀念啊……”

看到日记中记载的快乐的事，您会非常感慨吧?

“那时候我特别不好意思！”

“真烦啊，又让我想起了那时的懊悔！”

您也会看到一些痛苦的回忆，后悔自己看日记，立即合上日记本吧?

这里有一个特别有趣的调查结果。

英国格拉斯哥・喀里多尼亚大学的伊莱恩・邓肯博士对 177 名女大学生进行了调查。调查结果表明，越是写日记的人，不安和失眠的倾向越严重。

而且，写日记的人中，66% 的人没有丢掉很久以前的日记，88.7% 的人还偶然拿出来看看。也就是说，写日记的人几乎都会拿出以前的日记翻看。

由此可以推测，**写日记的人会出现不安和失眠的症状，是因为阅读了以前的日记，回想起了痛苦的回忆**。

影集也有同样的效果。

打开影集，看到当年被你欺负的同学、分手的男朋友，如果您能不在意，只是感慨“呀，还有这事儿呢”，倒也无妨。但是，如果您的消极的感情被唤醒，夜晚您则会无法入睡。所以，最好还是不要看过去的日记和影集了。

55 战胜困境的能力的培养方法

反而要拒绝别人的帮助

我们无论陷入任何困境，都非常希望得到别人的帮助。

朋友、家人、恋人、同事或上司，如果能得到他们的鼓励和帮助，我们便会产生战胜困境的勇气。

可是，我们不能总是依赖别人。**"遇到困难时，我可以找人帮忙"，越是抱有这种天真想法的人，越是无法摆脱对别人的依赖、无法自立，越是不能战胜困境。**

美国韦恩州州立大学的玛辛·格莱森博士做了一个有趣的调查。

博士以 472 对已婚或者是未婚同居的情侣为调查对象，让他们连续写 31 天日记，由此调查他们的心理状态。

调查结果表明，在爱人帮忙做了一切、自己什么都没做的日子里，人反而会很消沉，陷入后悔和自我厌恶的消极感情中。

也就是说，我们得到别人的帮助后，抑郁、不安、愤怒等情绪反而更强烈了。

这到底是怎么回事呢?

这是因为，我们在得到别人的帮助后，会产生失败感，并且在心理上对对方有负债感。在"负债"彻底还清前，人会一直有自责的心理。

另外，我们还会因为无法彻底还清负债而产生的无力感，对自己产生厌恶。

如果您总是依赖别人，每天都在"欠债"，今后请拒绝别人帮助吧。

不能陷入恶性循环

消极心理的恶性循环

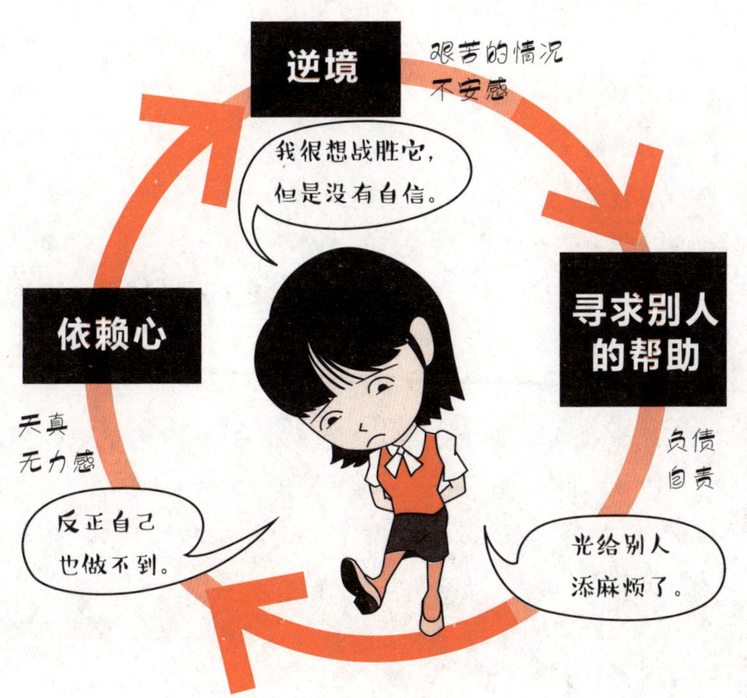

我们必须拥有不依赖别人的帮助、靠自己战胜困境的力量，才能斩断恶性循环的链条。

56 不要再“胆怯”

人际关系只是“习惯”问题

“我很胆怯，很难与人坦诚地交流。”

“我胆子很小，不敢跟初次见面的人说话。”

这种人对人际关系有非常强烈的不安全感，很难积极地与人交流，也很难与别人建立亲密关系。

“也许我被他讨厌了吧？”

“也许我说的傻话会让他生气吧？”

他们在与人交流之前，便对交流产生了恐惧。

可是，他们一旦战胜了不安和恐惧，开口交流，不安和恐惧便会在瞬间烟消云散。

美国爱荷华大学的托马斯·鲍克维克博士，以 250 名男大学生为实验对象，让他们连续 3 次和陌生人交流。然后对他们与人交流时的“语言数”进行深入调查。结果发现，即使是初次与陌生人交流时感到非常不安的人，随着交流次数的增加，使用的语言数量也增加了，并且交流内容也丰富了。

其实，我们对人际关系的恐惧，只是“习惯”问题，交流的次数多了，我们便会习惯了，问题也随之解决了。

那些怕见生人或胆怯的人，不要误认为这是自己的性格问题，要知道这只是习惯问题，付出行动是解决这个问题的重点。

即使是公司的上司看起来正在发怒，您也不能恐惧。如果因为怕被上司批评，便不敢如实汇报情况，只会导致事态继续恶化。此时，简洁地向上司汇报情况，上司反而会感谢您。

立即与人坦诚交流

鲍克维克博士的实验

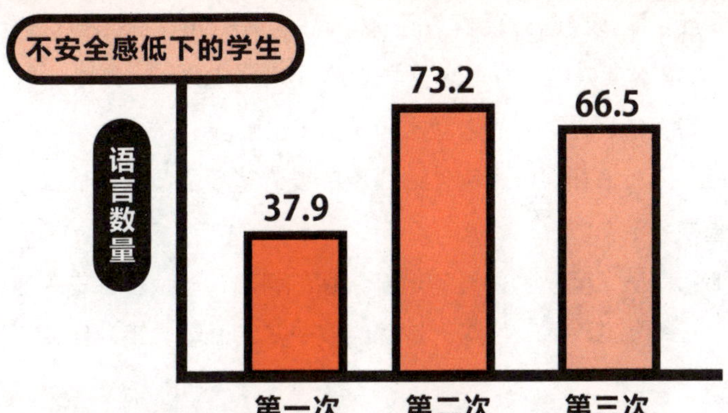

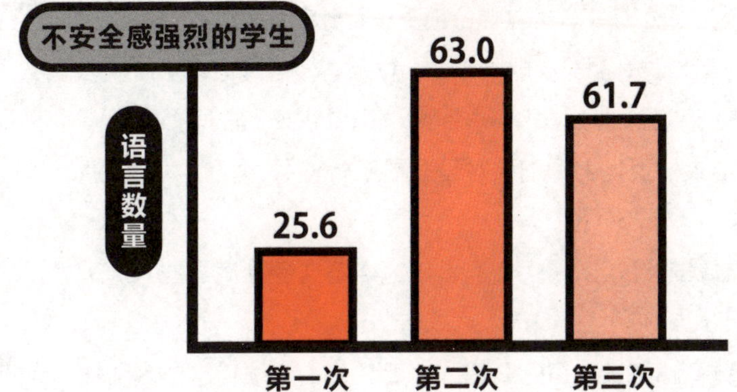

第三次说的话比第二次少，
是因为学生们已经非常“习惯”了。

57 战胜权力骚扰的想法

感谢对自己严格要求的上司

最近在职场经常出现权力骚扰的问题，据 NHK（日本放送协会）调查，竟然有 4 成的人在职场曾经遭遇过权力骚扰。

也许您也正在因为权力骚扰而苦恼不已吧。

可是，我们却很难界定什么程度的要求是权力骚扰，什么程度的要求是严格要求。

下面提一个问题：假设您是某公司的科长，一位部下是工作了两三年的正式员工，另一位部下是签约仅一年的派遣员工，您会严格要求哪位部下？

具体说来，就是两位部下都犯了错时，您会行使您的权力，扣哪位部下的薪水？或者是对哪位部下进行比较型责备：“别人都能干好！”

美国加利福尼亚州州立大学的凯宾・拉姆迪博士以某公司的 156 人为调查对象，对上司会对哪种员工行使权力进行了调查。

结果发现，上司们会对正式员工行使权力，很少对派遣员工行使权力。（参照下页图）

也就是说，上司们会温柔地对待不久便会离去的派遣员工，严格要求正式员工。

教育部下是上司的职责，为此，上司必须付出精力和体力。正因为这样，比起教育派遣员工，上司们更热衷于教导正式员工中有前途的部下。

也许，**您上司对您的严格要求，并非权力骚扰，而是为了让您茁壮成长的教育指导。**

严格要求自己关注的人

拉姆迪博士的调查

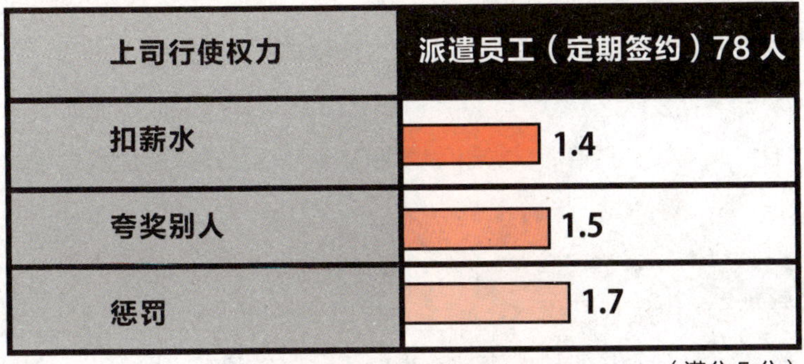

上司行使权力	派遣员工（定期签约）78人
扣薪水	1.4
夸奖别人	1.5
惩罚	1.7

（满分5分）

上司对派遣员工要求不严格

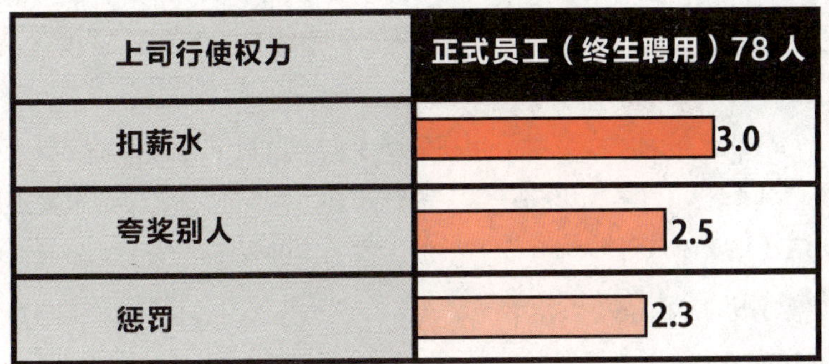

上司行使权力	正式员工（终生聘用）78人
扣薪水	3.0
夸奖别人	2.5
惩罚	2.3

（满分5分）

上司严格要求正式员工

**我们往往会在很久以后，
才会感谢上司或者恩师当年对自己的严格要求**

58 自己的性格缺陷来自父母

不承担责任，我们会心情舒畅

我的性子很急。

妻子经常责备我："干嘛又那么急躁啊！""又这么急！"

此时，我会这样回答：

"你应该去责备我父亲。因为我父亲性子急躁，所以我才这么急躁。"

这样**干净利索地把责任推卸给他人，无论别人怎么指责我们，我们都不会产生丝毫压力。**

反之，如果自己承担责任，我们心里则会很不舒服，人也会非常消极了。

因此，**我们应该尽量回避那些可以回避的责任，保持内心的平静，心情舒畅地享受生活。**

NIMH（美国国立精神卫生研究所）的卡罗拉·赞瓦克斯拉博士对20名1岁婴儿（男女各10名）进行了长达两年的调查。结果发现，父母有情绪障碍（抑郁倾向等）时，有86%的孩子易怒；父母没有情绪障碍时，只有30%的孩子易怒。

如上所述，人的性格受到父母的影响很大。

因此，即使您容易闷闷不乐，无法摆脱消极的感情，也不要在意。

您不要把一切都自己承担下来，可以把责任推给父母："因为我继承了父母的性格，所以这个责任在我父母！"避开这份责任，您也会心情舒畅起来的！

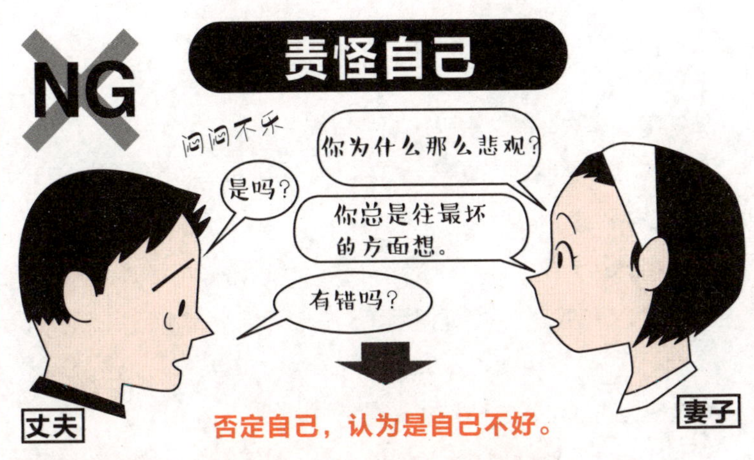

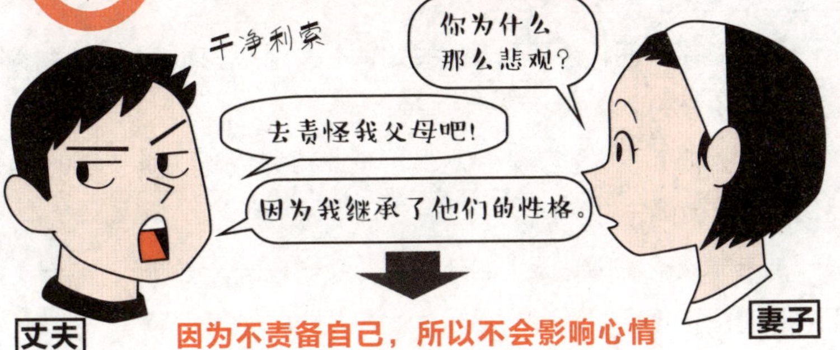

仅仅是认为："自己的性格不好，是父母的错。"
我们的心情便会舒畅很多。

59 遇事向自己有利的方面解释

享受幸福人生的秘诀①

您周围有非常开朗、积极乐观的人吗?

如果用演员来形容，就是松冈修造先生那种类型的人，总是积极乐观地解释所有事。

生病时，认为是“让身体休息一下”；求婚被拒绝时，认为“自己还会碰到更好的”……在任何困境下，都不会郁闷和后悔。

歪曲对自己不利的事实，向自己有利的方面解释，在心理学中，被称为“积极错觉（肯定型幻想/错觉）”。

其实，**这种扭曲的解释或自我欺骗，才是让我们享受幸福人生的最佳秘诀**。

美国田纳西大学的艾琳·奥玛拉博士对82对结婚6个月以内的新婚夫妇进行了长达4年的追踪调查。

调查结果表明，越是和谐的夫妇，在遇到打击时，越会扭曲地把它解释为积极的事。

例如，把妻子总是喋喋不休地唠叨，解释为正因为妻子如此细致，所以家务事做得无可挑剔。

或者，认为丈夫在街上四处张望，并非是看美女，而是感谢丈夫观察周围是否有危险。

回避问题，把问题解释成自己可以接受的东西，可以避免不必要的冲突，让夫妇生活和谐。没有比这更让人幸福的“误解”了。

我们越是身处困境，越要只盯着对自己有利的方面，给自己安心感。

NG 理解为消极的一面

这是你的事儿吧？

如实接受

为什么总是我？

他讨厌我吗？

上司

部下

受伤、消沉

OK 理解为积极的一面

这是你的事儿吧？

扭曲的解释

又轮到我出场啦？

他这么期待我的表现啊？

部下

不会产生愤怒和苦恼

上司

总想坏的一面，只能自己把自己逼上绝路。

60 与其选择“不做”，不如选择“做了”再后悔

享受幸福人生的秘诀②

“比起行动之后的后悔，没有行动的后悔会让我们更痛苦！”

这是美国康奈尔大学心理学系托马斯·吉洛维奇博士发现的著名心理法则。

虽然人生中会有很多后悔，但是自己没付出行动的后悔，才是真正让人挥之不去的后悔。

当然，失败和错误也会让人后悔，但那种悔恨只是短暂的痛苦。

与之相对，没有付出行动产生的后悔，会让人一直认为“如果做的话，也许就成功了”，不付出行动的结果是让人永远后悔。

也就是说，**无论行动的结果如何，人付出行动之后便会死心；没有付出行动，之后就永远无法死心**。

美国伊利诺伊大学的尼尔·洛兹博士对61名男性和62名女性进行了调查，得到了同样的结果。特别是男性在恋爱中，对没有付出行动会更加后悔。

例如，某位男性想对自己喜欢的女性表白，但因为没有勇气开口而彻底结束。日后，他会一直认为“如果当时我向她表白，也许我们已经结婚了”，并一生都会为此懊悔。

可是，如果是勇敢的表白被拒绝，无论当时多么痛苦，这种痛苦也会很快消失的。

不仅是爱情，我们人生中所有的事都是这样，这就是享受幸福人生的秘诀。

既然无论怎样，以后都会后悔，我们还是选择“付出行动”之后的后悔吧。“不付出行动”产生的后悔，会让您永远无法摆脱。

犹豫不决时，请选择“付出行动”

没有付出行动产生的后悔，会永远纠缠着您，也是导致您消极悲观的重要因素

61 不要害怕失去

与人交往应该是因为喜欢对方

您有好朋友和恋人吧？请您先自问自答一下吧。

您为什么会和那个人成为朋友？您为什么要跟她交往？

抑郁倾向的人因为对人与人之间的交往没有安全感，所以会这样回答：

“因为我害怕失去他。”

您的答案是什么呢？

如果您回答：“因为我喜欢他。”那就没问题了。但是，如果您的答案是“我害怕失去他”的话，请您改变这个想法吧。

因为，对方一定会感受到您的这种不安，无论是友情还是爱情，都不会长久。

美国西北大学的迈克尔·罗洛夫博士以大学生为调查对象，向他们提问为何与人交往。回答“害怕失去他”的人比回答“因为喜欢他”的人，对目前的关系不满的多61%；6个月后再次调查，发现回答“害怕失去他”、对之前相处关系不满的人中，有24%的交往关系已经消失了。

如果您喜欢对方的话，会让对方看到您发自内心的笑容，相互间可以真心交往。

可是，**在害怕失去对方的关系中，无论您怎么做，笑容都没有自信，对话也会有所保留，并且对方也一定会觉察出来。**

这样的关系，即使能长久，也不能说是幸福的人际关系。

如果您跟对方交往是因为害怕失去他，那就请您退一步，重新审视一下自己。

您真的喜欢那个人吗？

犹豫不决时，请选择“付出行动”

您与人的关系是哪种？

积极的关系

因为害怕失去对方，所以交往

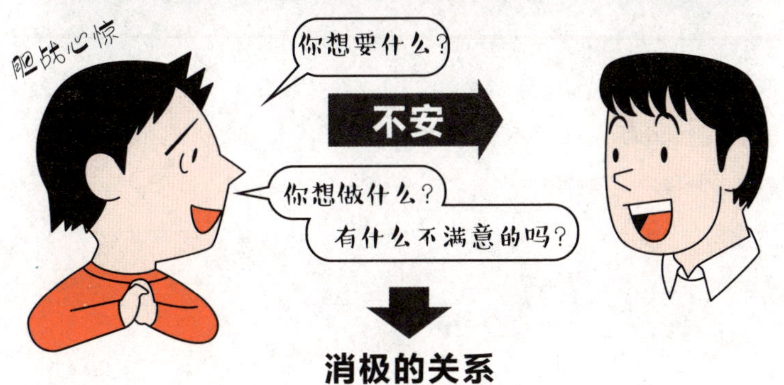

消极的关系

人际关系中，很大一部分是“习惯”。请不要畏惧，勇敢地去尝试各种人际关系吧！

62 以成为“有钱人”为目标

有钱会让人的度量大起来

之前，我为大家介绍了各种战胜困境、获得逆袭的心理法则。在本书的最后，我想为大家介绍一个有趣的目标。

那就是“成为有钱人”。

“什么啊，到最后还是钱啊！”“有钱的话，在任何情况下，都能让事态向对自己有利的一面发展啊。”——也许有人会这么想，但那是错的。

重要的是，有钱人不会为小事闷闷不乐，因此，心理负担更低。

对于降低心理负担，金钱能发挥巨大的威力。

美国北卡罗来纳大学社会系的格莱恩·爱尔达博士对76对夫妻（平均年龄：男40岁、女38岁）进行调查后，发现导致夫妻关系恶化的主要原因中，有34%是收入问题。

而且，因收入问题导致妻子感情不稳定的占51%，丈夫比妻子更介意“收入量”。

享受幸福的人生，金钱并非不可或缺。可是，没钱却是导致我们心情不爽、闷闷不乐的最大原因。

即使没有很多，只要有钱，心理负担便会低一些。

实际上如何使用金钱另当别论，只要钱包里装满钱，“随时可以使用”的心情和“糟糕，只有些零钱”的心情绝对不一样。

金钱可以很大程度地影响我们的心灵。请试着把钱包装满钱吧！小小的烦恼会随之烟消云散的。

有钱了，人会更有度量

斯皮内拉博士的调查

【对象】406 位市民

【情绪】容易混乱、容易抑郁、容易紧张

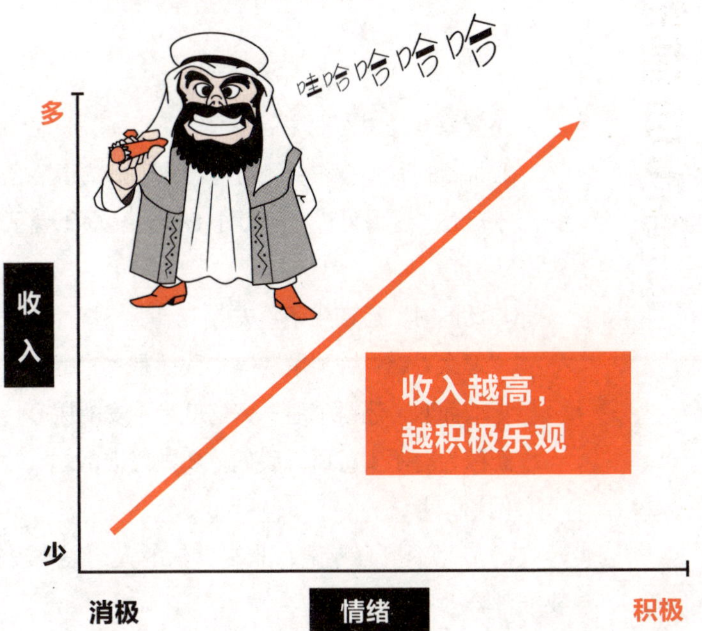

（美国新泽西州理查德 · 斯托克顿学院马塞洛 · 斯皮内拉博士的调查）

虽然金钱的力量无法改变人际关系，但是可以改变自己的心理状态。

相信自己吧！

不安原本是由何而生呢？

恐怖最初并不存在，经历过一次恐怖的事情之后，我们才知道“这很可怕，千万小心”，从而出现了恐惧意识。

与此同时，还产生了不安。

“怎么办啊？我能解决吗？我还是逃跑吧！”

勇敢面对，还是逃避——这就是不安的原形。

正因为有不安，所以我们才要做好准备。

例如，考试。

一点儿不担心考试、非常自信的人，根本没有必要准备。

相信自己吧！

可是，非常担心自己考试不及格的人，为了消除这份不安，则会拼命地学习。

正因为有不安，才会刺激我们做出反应，做好应对不安的准备工作。

例如，如果在公司里有让您很头疼的同事，您很不愿意见到他。此时，如果您选择不断逃避，不与他见面，每次逃避您都会有精神压力，并且一直会持续下去。

如果您想消除这种“真头疼，没安全感”的心情，您只需做好与那个人见面的心理准备。

“早上好。你还好吧！”

如果做好了准备，即使突然遇到了对方，您也能

轻松地跟对方打个招呼，并且面带微笑地慢慢离去。仅仅是这样做，您害怕与他见面的不安感便会烟消云散了。

人际关系就是这样，很小的事情便能导致很严重的后果！

总是消极思考的习惯也能通过类似的反复锻炼，逐渐地改变。

果尔达·梅厄（以色列政治家）曾经说过下面的名言：

“请相信自己，那样才能让自己一生都能感受到幸福。”

相信自己吧！

总之，希望所有人都能爱自己。

最后，我想感谢各位读者的支持。

本书中介绍的心理法则，并不是完全适合所有人。

如果书中有让您无法理解、没有共鸣的部分，请跳过去。

只选择其中适合自己的部分。

如果能让您产生共鸣，请实践一下吧。

那样，您身上让您自己厌恶的部分也会逐渐地、一点点地发生改变。

内藤谊人